이성교제 워크북

사랑시 고백구 행복동

백현옥 | 박혜경

박영story

머리말

어릴 적 읽었던 동화 '오즈의 마법사'에서 우리는 따뜻한 심장을 갖고 싶은 양철 나무꾼과 두려움을 모르는 용기를 갖고 싶은 겁쟁이 사자를 만났던 추억이 있다.

생각해보자! 사람의 마음이 어디에 있을까?

보통 우리는 사람의 마음이 가슴에 있다고 생각하지만 뇌 과학자들은 사람의 마음이 머리에 있다고 과학적으로 증명해 보이고 있다.

그렇다면 사랑은 어디에 있을까?

어른들은 20대들의 연애와 사랑이 개방적이고 야해졌다고 공공연히 말한다. 그러나 사실 20대는 사랑하는 사람과 사랑을 나누기는 하지만 어떻게 사랑을 나눠야 하는지에 대해서조차 서툴고 아는 게 없다. 그러나 이들은 건강하고 달콤한 연애를 통해 멋지고 행복한 20대 청춘을 보낼 권리가 있다.

이에 이 책은 대학생들 스스로 건강한 이성교제에 대해 생각해보고 토론하는 기회를 제공하기 위한 책으로 저자들은 대학생 제자들에게 '사랑'이란 용기와 배려, 존중과 나눔, 책임감이 필요한 작업임을 가르치고 안내하는 것보다 그들 스스로 알아내고 찾아가기를 바라는 마음으로 준비하였다.

다음으로 이 책의 각 장에서 제시하는 주제들은 학생들이 주가 되는 집단토론방식으로 이루어지고 토론이 끝난 후 조별 발표를 하며 건강하고 달콤한 연애를 위해 대학생에게 필요한 것들을 스스로 찾아가게 하는 형식으로 구성되어 있어 이 과정을 통해 협동과 민주적 절차에 대한 학습 또한 이루어질 수 있을 것으로 기대한다.

마지막으로 책이 출간되기까지 함께 고민해 준 송원대학교 학생들에게 감사한 마음을 전하다.

저자 일동

목 차

제1장

그(그녀)와 나

1. 그(그녀)의 의미
2. 나부터 사랑하자

제1장 그(그녀)와 나

1. 그(그녀)의 의미

연애를 하거나 하는 중이라면 그(그녀)는 내게 어떤 의미일까?

1) 연인으로서 그와 그녀가 서로에게 어떤 의미일까?

그(그녀)의 눈 빛, 표정, 한 마디 말, 작은 웃음에 연인들은 수많은 의미를 부여한다. 어느 날은 그의 그윽한 작은 눈빛에 잠을 설레기도 하고, 그녀의 눈에 가득한 슬픔을 보고 그는 밤을 지새우며 고민을 한다. 그리고 그의 잔잔한 웃음에 그녀는 가장 안전한 세상에 있다고 느끼고, 그녀의 미소에 그는 그녀를 위해 기꺼이 자신의 세상을 내어준다. 이쯤 되면 그와 그녀의 과거 현재 미래의 삶은 온전히 그녀와 그를 만나기 위해 태어났으며, 함께 살아가고, 함께 늙어 감을 준비하는 숙명 같은 존재, 태초부터 나를 위해 준비된 사랑이다. 시쳇말로 좋은 때다. 그러나 이 세상에 사람은 많고 사랑은 움직인다. 이 진실을 아직은 알지 못할 거고 혹 누군가 이야기를 해 주어도 자신들의 사랑만큼은 영원할거라고 생각한다. 이처럼 연애가 연인들에게 주는 특별함은 '나는 그(그녀)를 위해 태초부터 준비되고 선택된 특별한 사람으로 우리사랑은 남들의 사랑과 다르다'고 굳게 믿는 것이다.

'연애' 이 달달한 것을 시작하면 왜 나는 작아지고 너만 커지는 것일까? 그러나 사랑이란 이유로 굳이 나를 작게 할 필요는 없다. 나의 삶은 언제나 내가 주인공이 되어야 하는데 나의 일상생활이 그와 그녀라는 GPS와 수신하고 위치를 설정하고 있다면 어리석은 연애를 하고 있는 것이다. 그러나 가끔은 사랑을 하면서 어리석은 바보가 되어보는 것도 나쁘지는 않은 일이다.

연인끼리 슬픔을 나누어 반이되고 기쁨을 나누어 배가 될 필요가 있을 때라면 연인의 GPS에 내 수신기를 맞추어 보자. 이것은 그(그녀)가 나의 어려움을 함께 고민해 주고, 나의 좋은 일에 최선을 다해 기뻐해 줄 권리를 주는 일로 연애의 필수조건이다. 그러나 전제조건은 잠시여야 한다는 것. 혼자서 건강한 사람이 둘이 되어서도 건강한 것이다. 따라서 '연애'라는 달달한 것을 할 때도 나의 일상은 내 삶의 목표인 GPS와 수신하고 지금의 내 현실에서 삶의 목표를 위해 위치를 수정하고 나의 모습을 확인할 수 있어야 한다.

연애를 하면서 '나의 의미'가 '너의 의미'보다 더 크지 않으면 의미가 없다. 왜냐면 나(I)없이는 너(You)가 성립되지 않기 때문이다. 동등하게 평행선의 연애를 하자. 나는 나의 모습 그대로 너는 너의 모습 그대로 자신을 삶의 목표를 위해 성실한 노력을 하는 것이 먼저다.

그렇다. 아직은 대학생!! 만날 사람도 알아야 할 세상도 할 일도 많다.

2) 내 안에 너 있다

'내 안에 너 있다'라는 말은 유명세를 탔던 드라마 '가을동화' 속 남자주인공의 달달한 대사로 코미디, 유듀브, 포스터 등에서 패러디되기도 하고 한 동안 연인간의 유행어가 되기도 했었다. 그러나 연애를 하면서 내안의 그(그녀)는 과연 진짜 그(그녀)일까?

사랑이란 감정은 정말 묘해서 그에게 그녀는 공주로 천사로 그녀에게 그는 백마 탄 왕자요 흑기사가 되게 한다. 그래서 그와 그녀의 가슴에 사는 그는 언제나 용감하고 정의롭고 그녀는 언제나 아름답고 착한 여신이다.

그러나 아는가? 실은 그가 '찌질남'의 기질이 다분할 수도 있고 그녀는 '된장녀'일 수도 있다는 것을...

이렇듯 연애를 하다보면 이처럼 내가 알고 있는 그녀와 그의 다른 모습이 드러나 서로에게 실망하게 되기도 한다.

왜 그럴까?

연애를 하면서 서로에게 잘 보이고 싶은 것은 누구나 같은 심정이다. 그래서 너무 많은 '척'을 하게 된다. 착한 척, 고상한 척, 마음이 넓은 척, 배려심이 많은 척, 정의로운 척, 여기에 더 수준 낮은 아는 척, 있는 척, 잘난 척, 척 척 척.. 이 '척 질'에 깜빡 속아 '그(그녀)의 가슴에 사는 그와 그녀'는 '무늬 만 같은 그와 그녀'일 수도 있다.

이처럼 우리는 보통 '척 질'에 속아 사랑하는 연인에 대해 잘 알고 있다는 착각 속에 연애를 한다. 그래서 내가 생각한 그(그녀)가 이해할 수 없는 행동을 하고 나의 마음을 을 몰라줄 때 갈등과 싸움이 일어나게 된다. 내가 그(그녀)를 어느 만큼 아는지 아는 게 중요하다. 그러나 사실 그(그녀)에 대해 어떤 것을 알고 어떤 것을 모르는지 판단하는 건 쉽지 않은 일이다.

그리고 나 역시 말 빨, 화장 빨, 허세 빨, 조명 빨, 스펙 빨, 분위기 빨을 앞세워 그(그녀)를 속이지 말고 부족하고 다소 쪽이 팔려도 내게 있는 모습 그대로를 보여주어야 한다. 그(그녀)의 '척' 질과 나의 '빨'질이 같은 급이라면 그런 연애는 시간 낭비일 뿐...

'젊음'은 세상의 그 무엇과도 바꿀 수 없는 귀중한 것이다. 행복한 연애를 하고 아름다운 사랑을 하자.

3) 그(그녀)를 사랑하는 방법

집착도, 먼저 도망치기도, 바라만 보는 것도 모두 사랑하는 방법이다. 사람은 성격, 살아온 환경, 문화 등 이 다르기 때문에 자신이 본 적 있고 받아본 적 있는 사랑만을 할 수 있다. 따라서 내가 그(그녀)를 사랑하는 방법은 내가 아는 가장 익숙한 방법이다. 그 사랑이 세련될 수도 투박할 수도 있고, 이기적일 수도 수동적일 수도 있지만 그(그녀)를 사랑하는 나는 최선의 사랑을 하는 것이다.

사랑은 나와 그(그녀)가 함께 만든 행복한 기억이 될 수 있어야 한다. 나는 없고 그(그녀)만 있어 집착 하고, 버려질까봐 먼저 도망가고, 거절당할까봐 다가서지 못하는 사랑은 아름다운 기억으로 남질 못한다.

그렇다면 아낌없이 주는 사랑? 이것은?

동화 '아낌없이 주는 나무'에서 소년에게 주는 사과나무의 사랑은 건강한 사랑일까? 연인의 사이에서 이런 사랑이 가능할까? 생각해 볼 일이다.

자녀에게 주는 부모의 사랑을 소년에게 주는 사과나무의 사랑에 비유할 수 있을지도 모른다. 그러나 부모의 사랑이 늘 같은 곳에서 자녀를 기다리며 그늘이 되어주고 돈을 위해 사과를 내어주고, 소년의 집을 위한 목재가 되어주고서도 더 이상 줄게 없어 가슴 아파하며 마지막 남은 나무밑동까지 내어주는 사과나무의 사랑이라면 그 자녀가 과연 건강하게 세상을 살아 갈 수 있을까? 부모의 인생과 자녀의 인생이 각각 독립되어 세상 속에 함께 공존하며 살아갈 수 있으려면 더는 줄 것이 없어 안타까워하는 사랑보다는 혼자서도 건강하게 살아갈 수 있게 격려하고 지켜주는 아껴두는 사랑이 필요하다.

연인의 관계에서도 마찬가지다. 고작 나를 그(그녀)의 사과나무가 되게 하려고 사랑을 하는가? 따라서 연인간의 사랑에서도 그(그녀)에게 아낌없는 사랑을 주려한다거나 무조건적인 사랑을 요구하지 않아야 한다.

혼자서 건강한 사람이 둘이서도 건강하다. 아름다운 사랑을 위해 먼저 준비할 것은 나와 그(그녀)가 건강한 각각의 나로서 서로의 모습 그대로를 인정하고 존중하며 배려하는 일이다.

아낌없이 주는 나무

저자－쉘 실버스타인

사과나무 한 그루와 소년의 이야기다.

나무는 소년의 좋은 놀이터였고 나무도 소년을 좋아하고 함께 놀아주었다. 하지만 소년이 자라면서 나무를 잘 찾아오지 않아 나무는 혼자 있을 때가 많았다.

그러던 어느 날, 소년이 나무를 다시 찾았을 때 반갑게 맞이하는 나무에게 소년은 돈이 필요하다고 하였고, 나무는 돈 대신 사과를 내어주었고 도회지로 사과를 팔러간 소년은 그 후로 오랫동안 돌아오지 않았다. 몇 년이 지난 후 소년은 다시 돌아와 집이 필요하다고 하였고, 그 말을 들은 나무는 가지를 베어다가 집을 지으라고 가지를 내어주었고 집을 지은 소년은 또 다시 오랫동안 돌아오지 않았다.

그리고 몇 십 년이 지난 후 할아버지가 다 되어 돌아 온 소년은 멀리 여행을 떠나고 싶다고 하였고 나무는 자기의 줄기를 베어다가 배를 만들어 여행을 떠나라고 하였다. 그러면서도 나무는 행복하다고 하였지만 정말 그런 것은 아니었다. 여행을 떠난 소년은 오랜 세월이 지난 뒤에 노인이 되어 다시 돌아 왔고, 사과나무가 가진 것은 밑동 밖에 없었다. 하지만 노인이 되어 돌아온 소년에게 필요한 것은 편안히 앉아서 쉴 곳 이었으므로 사과나무는 자신의 밑동을 소년에게 내주고 편히 쉬게 하였다.

그렇지만 모든 걸 다 내어주면서도 사과나무는 행복하였다.

브레인 스토밍

주제 1. 연애를 하고 있다면 혹은 연애를 하게 된다면 그(그녀)의 의미는?

**남학생(그), 여학생(그녀) 각각의 입장을 정리합니다.

남학생

여학생

주제 2. 그(그녀)가 하는 '척 질' 중 가장 꼴불견은?

**남학생(그), 여학생(그녀) 각각의 입장을 정리합니다.

남학생

여학생

2. 나부터 사랑하자

1) 건강한 대학생활을 하자

나의 건강한 대학생활을 위해 필요한 것은 무엇인가?

대학생 시기는 학문을 탐구하는 시기이며 동시에 자기 탐색의 시기다. 학문은 강의실과 도서관에서 대부분 이루어지지만 자기탐색은 대학생활에서의 다양한 경험과 인간관계를 통해서 이루어진다. 어떤 대학생활을 보낼 것인가? 성적관리, 스팩쌓기, 동아리 활동, 아르바이트 등 여러 가지가 모두 의미가 있지만, 이성 간의 사랑, 즉 연애를 통한 개인적인 성장도 적극적으로 도전해 볼 가치가 있는 귀중한 경험이 될 수 있다. 왜냐하면 누군가를 사랑하는 것은 타인에 대한 수용과 공감, 존중과 배려를 통해 자기와 타인의 삶에 책임감을 배울 수 있는 기회가 된다. 더불어 누군가를 사랑하는 과정에서 자신의 성격적 결함과 자기 통제능력, 자기능력에 대한 객관적평가 등을 할 수 있게 되기 때문이다.

그러나 자신의 미래를 준비하기 위해 대학생으로서 취업과 국가장학금 선정 등에 중요한 지표가 되는 학점 즉, 성적관리에 소홀해서는 안 된다. 학점관리를 위해 출석은 꼬박 꼬박! 지각과 출·퇴는 절대 금지! 레포트는 미리미리! 중간·기말 시험 챙기기 등에 최선을 다해야 한다.

그리고 이와 함께 금주·금연·규칙적인 운동 등을 통한 신체적 관리 또한 중요하다. 특히 규칙적인 운동을 통해 남학생은 식스팩, 초콜릿 복근에 도전해 보는 것도 멋진 일이다. 식스팩, 초콜릿 복근을 연예인 훈남들의 특권만으로 여기기에는 너무 매력 있는 도전이 아닐까? 여학생은 아침은 생략하고 점심은 건너뛰고 저녁은 굶는 다이어트 보다 규칙적인 운동을 통해 건강한 바디라인을 만들어야 한다. '여신 필'은 건강함에서 나온다는 것을 기억하자.

밤새 주(酒)님을 만나 술 달리는 일은 여러 가지 곤란한 상황의 원인이 된다. '간단하게 한잔 만!' 하고 사람이 술을 먹기 시작해서 '부어라. 마셔라. 술 술 넘어간다.' 하며 술이 술을 마시고 '필름이 끊겨 도저히 기억이 안 나는 순간' 술이 사람을 마시게 되어 돌이킬 수 없는 실수나 기억하기 싫은 순간을 만들어 낸다. 하늘에 계신 주님은 인간의 죄를 위해 대신 십자가를 지셨지만, 주(酒)님은 사람의 마음을 미혹하는데 아주 재주가 많은 골치 아픈 상대라는 걸 기억하자.

요즘 끽연자들은 취업면접, 건강보험, 끽연 장소 등 여러 면에서 불이익을 받고 있고 또한 끽연자들에 대한 사회적 시선 역시 냉담하다. 거기다가 담배 값이 한 시간 최저임금과 별 차이가 안 나는 상황으로 경제적 부담과 치명적인 건강상의 피해까지도 우려되는 좋지 않은 습관이다. 특히 여학생의 경우 그 피해는 더욱 심각하다. 이처럼 담배는 일석이조(一石二鳥)가 아닌 일조삼폐(一草三弊)가 된다.

건강한 대학생활이 전제 되어야 멋진 연애도 할 수 있다는 것을 명심하자.

2) 나는 소중하니까!!

(1) 자존감

대학생으로서 자존감이 떨어지는 경우는 언제일까?

자존감이란 자신을 존중하고 사랑하는 마음이다. 이처럼 자존감은 자기 존중 대상이 내가 되는 것을 의미한다. 따라서 자존감이 높은 사람은 환경과 외부의 사건에 영향을 받지 않는다. 왜냐하면 이들은 언제나 스로를 귀하고 소중하게 생각하기 때문이다.

겉으로 구별하기 힘든 명품과 짝퉁의 차이는 그 물건을 대하는 나의 태도이다. 명품 백은 보관 시 깨끗이 닦아 신문지를 채우고 더스트 백에 넣어 본래 있던 상자에 보관을 하는 게 일반적이지만, 짝퉁은 방안 모서리나 옷장 등에 아무 처치 없이 놓여진다. 그리고 명품은 상처라도 날까봐 조심조심 모시고 다니며 사용하지만 짝은 상처가 나든 오물이 묻는 별 상관없이 그저 데리고 다닌다.

사람도 마찬가지이다. 내가 명품임을 자부한다면 스스로에게 함부로 대하거나 소홀할 사람은 없다. 혹 집안사정이 풍족하지 못해서, 내어놓을 스펙이 변변치 않아서, 외모가 작거나 초라해서..이러한 이유로 자신을 짝퉁취급 한다면 어리석은 일이다. 젊고 아름다운 20대에게 지갑사정, 별것 없는 스펙, 초라한 외모(옷, 신발, 가방 등) 등은 부끄러운 게 아니라 당연하다.

'금수저'는 하늘이 내리고 '은수저'는 부모가 내리는 것일 뿐 별의미가 없다. 내가 '흙수저'라고 비관할 필요가 있을까? 흙이라면 가마에 구워 도자기가 되면 될 일이다. 깨지기 쉽다고? 고려청자 이조백자는 흙으로 구운 것인데 그 가격이 억을 호가하기도 한다는 사실을 기억하자. 내가 내게 최선을 다한다면 흙수저가 도자기수저가 되고 나아가 보물급 도자기가 될 수 있다. 물론 성실, 근면, 노력 등의 최선이 필요한 것은 자명한 일이다. 나는 소중하다. 따라서 국보급 도자기를 다루듯 자신에게 최고의 대접과 최선의 노력을 하라.

그러나 자존감이 너무 높을 경우 자기를 너무 존중하다보니 타인을 무시할 수 있어 사회생활이나 대인관계에서 문제가 될 수 있다. 자신을 사랑하는 것만큼 남에게도 최선을 다하고 예의를 지키는 겸손이 필요하다. 겸손이 빠진 자존감은 자만감으로 변질되어 쓸데없이 고집스러워지고 자기만 아는 헛똑똑이 독불장군이 될 수도 있기 때문이다.

대학생의 자존감에 대한 포털사이트 알바몬의 조사에 의하면 대학생의 자존감이 떨어지는 순간이 다음과 같이 조사되었다.

대학생의 자존감이 떨어지는 순간은?

1. 집안 사정, 경제적인 문제 등 내 힘으로는 어쩔 수 없는 넘사벽(넘을 수 없는 사차원 벽)을 느꼈을 때
2. 나는 아무리 애써도 할 수 없는 일을 친구는 뚝딱뚝딱 금방 해낼 때
3. 친구나 지인의 좋은 일에 '쿨 하게! 멋지게!' 축하해 줄 수 없을 때
4. 이력서나 자기소개서를 쓸 때 쓸 이야기가 없을 때
5. SNS를 통해 친구의 잘나가는 모습을 볼 때

대학생인 여러분 또한 고개를 끄덕일 내용이지만, 이럴 경우 독일 출신 듀오 폴커키츠와 마누엘 부쉬 심리학 박사는 자기가 보잘것없이 느껴질 때, 한없이 밉게 느껴지고 초라해지는 모든 순간에 '아직은'이라는 단어를 붙여 생각해보라고 조언한다. 결국 리프레이밍(Reframing)하라는 말이다. '리프레이밍'이란 심리학의 한 기법으로 관점의 틀을 바꾸면 새로운 것이 보인다는 것이다.

예를 들면 '근사한 차와 멋진 연인 그리고 여름휴가! 내겐 넘사벽 일 뿐!!'

금수저를 물고 태어난 듯 보이는 친구를 보면 부러운 게 맞지만 사실 대부분의 대학생들은 학업과 시간제 일을 병행하며 열심히 생활하고 있다. 따라서 생각을 바꾸어 리프레이밍(Reframing) 해보자. '아직은 내게 넘사벽 이지만 내가 졸업 후 취업을 하고 40이 되었을 때는 상황은 다를 것이다.' 라고 리프레이밍 하라는 것이다.

자존감은 자신의 단점과 한계를 수용하고 존중하면서 자신의 가

치를 인정하는 것으로 자존감이 높은 사람의 특성은 자신감, 독립성, 타인에 대한 존중, 성실성 등이 있으며, 또한 자신의 슬픔, 화남, 좌절과 같은 부정적인 정서도 왜곡하지 않고 통제할 수 있게 된다. 또한 자존감은 타인과의 상호작용을 통해 신뢰 속에서 형성되는 마음이다. 이는 가족, 친구, 선배, 동요들에게 또는 어떤 조직 내에서 '나는 소중한 존재구나! 나는 정말 이들에게 있어 가치 있는 존재구나!' 하고 느끼는 것으로 타인들과의 친밀하고 밀접한 관계 속에서 형성되는 것으로 자존감이 높은 사람은 자신을 이해하지 못하는 주위 사람들로 인해 영향을 받지 않는다.

따라서 자존감이 높은 사람은 나에 대한 비판까지도 수용하고 자신의 단점을 인정, 수정해나가는 용기가 오히려 자신을 보석이 되고 명품이 되게 한다. 실수, 실패, 좌절을 용기 속에서 배움으로 돌아서고 나를 응원하고 격려하자.

강아지 똥 이야기

글-권정생

어느 골목길 담 밑 구석에... 흰둥이가 누고 간 강아지 똥
날아가던 참새가 보더니 콕콕 찍어보고
"똥, 똥, 에그 더러워......"하며 날아갑니다.
강아지 똥은 화도 나고 서러워서 눈물이 나옵니다.

저만치 소달구지 바퀴에서 떨어져 뒹굴고 있던 흙덩이도
"넌 똥 중에시도 제일 더러운 개똥이야!"
"으앙~~"강아지 똥은 울음을 터뜨립니다.

"미안, 미안 강아지 똥아, 정말은 내가 더 더러울지 몰라...
나는 산비탈에서 곡식도 가꾸고 채소도 키우는 흙이었어. 그런데 지난 여름 가뭄이 심했을 때 난 아기 고추를 끝까지 살리지 못하고 죽게 해 버렸단다."
"그건 네 잘못이 아니잖아."
"아니, 난 그 때 그 아기고추가 내 몸뚱이의 물을 빨아버리는 것이
너무 미워서 마음속으로 차라리 죽어버리라고 저주까지 했었단다.
강아지 똥아, 부디 너는 착하게 살으렴"
"나 같이 더러운 게 어떻게 착하게 살 수 있겠니?"
"아니야, 하느님은 쓸데없는 물건은 하나도 만들지 않으셨어.
너도 꼭 무엇엔가 귀하게 쓰일 거야."

흙도 떠나고 강아지똥은 혼자 남았습니다.
"난 더러운 똥인데... 아무짝에도 쓸 수 없을텐데..."

겨울이 가고 봄이 왔습니다.
어미닭과 병아리들이 강아지 똥을 보았지만 고개를 절레절레 흔들며
그냥 가 버립니다.
봄비가 내립니다.
강아지 똥 앞에 파란 민들레 싹이 돋아났어요.
강아지 똥은 예쁜 꽃을 피운다는 민들레가 한없이 부러워집니다.
한숨을 내쉬는 강아지 똥에게 민들레가 말합니다.
"내가 예쁜 꽃을 피우려면 한 가지 꼭 필요한 게 있어.
네가 거름이 돼 주어야 한단다."
"어머나! 그러니? 정말 그러니?"
강아지 똥은 얼마나 기뻤던지 민들레 싹을 힘껏 껴안아 버렸습니다.

비는 사흘 동안 계속 내렸습니다.
강아지 똥은 온 몸이 비에 맞아 자디잘게 부서졌습니다.
부서진 채 땅 속으로 스며들어가 민들레 뿌리로 모여들고
줄기를 타고 올라가 꽃봉오리를 맺었습니다.

그리고 봄이 한창인 어느 날,
민들레 싹은 한 송이 아름다운 꽃을 피웠습니다.

나의 자존감은 어느 정도인지 알아보자(로젠버그 검사지)

1. 나는 내가 다른 사람들처럼 가치 있는 사람이라고 생각한다.
   ① 대체로 그렇지 않다. ② 보통이다.
   ③ 대체로 그렇다. ④ 항상 그렇다.

2. 나는 좋은 성품을 가졌다고 생각한다.
   ① 대체로 그렇지 않다. ② 보통이다.
   ③ 대체로 그렇다. ④ 항상 그렇다.

3. 나는 대체적으로 실패한 사람이라는 느낌이 든다.
   ① 대체로 그렇지 않다. ② 보통이다.
   ③ 대체로 그렇다. ④ 항상 그렇다.

4. 나는 대부분의 다른 사람들과 같이 일을 잘 할 수가 있다.
   ① 대체로 그렇지 않다. ② 보통이다.
   ③ 대체로 그렇다. ④ 항상 그렇다.

5. 나는 자랑할 것이 별로 없다.
   ① 대체로 그렇지 않다. ② 보통이다.
   ③ 대체로 그렇다. ④ 항상 그렇다.

6. 나는 내 자신에 대하여 긍정적인 태도를 가지고 있다.
   ① 대체로 그렇지 않다. ② 보통이다.
   ③ 대체로 그렇다. ④ 항상 그렇다.

7. 나는 내 자신에 대하여 대체로 만족한다.

① 대체로 그렇지 않다. ② 보통이다.
③ 대체로 그렇다. ④ 항상 그렇다.

8. 나는 내 자신을 좀 더 존경할 수 있으면 좋겠다.

① 대체로 그렇지 않다. ② 보통이다.
③ 대체로 그렇다. ④ 항상 그렇다.

9. 나는 가끔 내 자신이 쓸모없는 사람이라는 느낌이 든다.

① 대체로 그렇지 않다. ② 보통이다.
③ 대체로 그렇다. ④ 항상 그렇다.

10. 나는 때때로 내가 좋지 않은 사람이라고 생각한다.

① 대체로 그렇지 않다. ② 보통이다.
③ 대체로 그렇다. ④ 항상 그렇다.

▶ 채점 방법

1) 1번, 2번, 4번, 6번, 7번의 점수

① 대체로 그렇지 않다(1점) ② 보통이다(2점)
③ 대체로 그렇다(3점) ④ 항상 그렇다(4점)

2) 3번, 5번, 8번, 9번, 10번의 점수는 아래와 같이 산출합니다.

① 대체로 그렇지 않다(4점) ② 보통이다(3점)
③ 대체로 그렇다(2점) ④ 항상 그렇다(1점)

▶ 합계점수 해석

총점수가 높을수록 좋기는 하지만 대체적으로 집단의 평균치 이상이면 보통정도로서 자존감이 좋은 상태라고 볼 수 있다. 그러나 평균치 이하의 경우엔 자신을 찾는 방법을 통해 자존감이 높아질 수 있도록 마음과 생각의 점검을 하여 자존감을 높이기 위해 노력하는 것이 좋다.

3) 책임감

대학생으로서 '책임감'이 필요한 이유는?

대학생 꼽은 성년의 덕목 1위는 '책임감'이다.

책임감(responsibility)은 response와 ability로 이루어져 있다. 즉, 책임감이란 '상황대응 능력'으로 자기결정성의 원리임을 알 수 있다. 자기결절성의 원리(Self-Determination)란 스스로의 의지와 결정이 동기를 결정하는 핵심이 된다는 원리이다. 그러므로 대학생으로서 자신의 생활과 관련된 모든 상황을 자신의 의지로 결정하고 흔들리지 않아야 한다는 것이다.

이전까지는 부모님과 선생님의 말을 따르는 수동적인 입장이었을 것이다. 그러나 이제는 대학생으로서 자신의 인생에서 무엇이

가장 중요한지 생각해 보고 스스로 결정해야 한다. 그래야 자신의 삶에 대한 실천적 책임감이 생긴다. 실천적 책임감이란 자신의 생활 속에서 실천할 수 있는 책임감으로 대학생에게는 아들과 딸로서의 책임감, 학생으로서의 책임감, 친구·선·후배로서의 책임감, 연인에 대한 책임감 등이 있다.

먼저 연인에 대한 책임감 중 갈수록 개방되고 있는 성의식과 더불어 잊지 말아야 할 것이 생명에 대한 책임감이다. 대학생으로서 학업에 충실하고 자신의 진로를 준비하면서 사랑하는 이성친구와 생활의 여유와 낭만을 갖는 것도 바람직하다. 그러나 생명에 대한 책임감은 그 무엇보다도 우선시 되어야 한다.

다음으로 학생으로서의 책임감은 출석에서부터 시작한다. 학점이란 것이 중간 기말 시험 뿐 아니라 출석과 평소 수업태도, 과제물을 포함한 최종적인 것이므로 수업시간마다 출석은 가장 기본적인 것이다. 또한 친구들, 선·후배, 교수님 등 대학생이 되어 새로이 생겨난 인맥에 있어서도 인격적·도덕적 책임감 등이 수반된다. 인격적 도덕적 책임감이란 약속 지키기, 대인관계에서 요구되는 예의범절, 배려와 나눔 등 이 포함되는 포괄적 용어로서 건강한 대학생으로서 성장하는데 필요한 책임감의 구성요소가 된다.

마지막으로 아들과 딸로서의 책임감이란 머리가 컸다고 가장 가까운 사람들에게 함부로 구는 실수를 해서는 안 되는 것으로 이해하면 된다. 부모님은 이 세상 누구보다 가까운 분들임에도 불구하고 너무 소중하다 보니까 가끔 잊어먹고, 까먹고, 생각 못 하고 실수를 저지르게 되므로 늘 조심해야 한다.

나이가 들수록 책임감 역시 늘어간다. 해야 될 것, 하지 말아야 할 것에 대한 가치 판단은 오로지 자신스스로의 몫이며 그 책임 역시 내가 져야 한다는 사실을 기억하자.

4) 나부터 사랑하자

나부터 사랑해야 하는 이유는 무엇일까?

나를 사랑한다는 것은 나의 긍정적인 부분만을 사랑하는 것이 아니다. 진정한 자기사랑은 자신의 부끄럽고 좋지 못한 습관, 남에게 뒤처지는 모습, 부족한 가정환경 등 부정적인 부분까지도 온전히 나임을 인정하고 받아들이는 것을 의미한다. 결국 온전한 자기수용을 뜻하는 것이다.

자기수용은 개인이 자신의 태도나 행동을 있는 그대로 솔직히 인정하고 받아들이는 것으로 자신의 장점뿐만 아니라 단점까지도 수용할 수 있다는 뜻이다. '있는 그대로의 자신'을 받아들일 수 있는 사람은 정신적으로 건강할 뿐 아니라 보다 행복한 생활을 할 수 있다. 반면에 '있는 그대로의 자신'을 받아들일 수 없는 경우 자신의 단점과 약점을 감추고 숨기는데 자신의 에너지를 쓰게 되어 보이지 않는 열등감에 일상생활에서 어려움을 겪게 되기도 한다.

사람에게는 누구나 단점이 있다. 단점이 없다면 인간일 수 없으니까! 기독교의 유일신 하나님이거나 보리수 나무아래서 천상천하 유아독존을 선포한 부처님이면 모를까 자랑스러운 내모습도 쪽 팔린 내모습도 모두 나다. 자랑스러운 모습은 더 자랑할 수 있게 만들어 가고 쪽 팔린 나는 수정하고 고쳐 가면 된다. 이것이 나를 사랑하는 최선의 방법이다.

혹여 살다 누군가가 한 나의 '뒷 담화'를 전해 들었다면 어찌할 것인가? 쫓아가서 3자 대면을 해서 엉뚱하고 억울하기까지 내용을 바로 잡고, 내 흉을 본 사람에게는 욕이라도 해주고 급기야는 주먹 한 방을 먹여야 직성이 풀릴 것 같아 그대로 실천한다면 결과는 불 보듯 자명하다. 그 순간 나는 바보가 된다. 유독 남의 '뒷 담화'를 즐겨하는 사람들의 공통점은 그들은 심적으로 나약하고 결핍이 많은 사람들이다. 그런 사람들과 굳이 얽혀 일을 복잡하게 만드는 것은 지혜로운 것이 아니다. 이럴 때 나를 사랑하는 힘이 필요하다. 억울하지만 참을 수 있어야 하고, 혹 그것이 나의 부끄러움이라면 수정하려 노력하면 되는 것이므로!!

사람은 관계 속에서 살아간다. '나와 너', '나와 그것', '나와 세상' 과의 관계에서 '나'는 언제나 주체인 것으로 내가 없으면 너, 그것 세상도 의미가 없다. '나'를 사랑함으로써 ' 너, 그것, 세상'을 사랑할 수 있다. 그러므로 있는 그대로의 나부터 사랑해야 한다. 완벽한 사람은 없다. 완벽은 신(神)에게만 허락된 영역이다. '잘난 나', '쪽팔린 나' 이 둘 모두를 인정하고 받아들일 때 나를 사랑할 수 있는 힘이 생긴다. 나를 사랑하는 힘은 용서와 이해, 그리고 수정을 위한 노력 등을 가능하게 하는 원동력이다.

나를 사랑하자

미국에 사는 미건 바너드(Meagan Barnard)는 평범한 소녀였습니다.
그런데 15세가 되자 자신이 뭔가 평범하지 않다는 것을 깨달았습니다.
미건이 사춘기에 접어들자 2차 성징이 나타나는 대신
오른쪽 다리가 비정상적으로 붓기 시작한 것입니다.
병원에서는 발목이 삔 거라며 아스피린을 처방해 주는 게 다였습니다.
일주일이 지났지만, 증상은 나아지기는커녕 더 악화됐습니다.
검사결과 미건은 체약 저류와 조직 팽창을 유발하는
만성 림프계 질환인 '림프부종'이라는 진단을 받았습니다.
반 친구들은 그런 그녀를 놀리기 시작했고,
미건은 극단적인 선택을 생각하며 유서를 남기기까지 했습니다.
그리고 그때를 회상하며 말했습니다.
"제 인생이 15살에 끝나는 것 같았어요."
그렇게 9년이 흘렀습니다.
그리고 어느 날 미건은 완전 반대의 선택을 하게 됩니다.
감출 수밖에 없었던 오른쪽 다리를 당당히 드러내기로 한 것입니다.
9년이란 시간이 너무 아깝게 느껴졌기 때문입니다.
감추고 싶던 다리를 드러낸 모델이 되기 위한 사진 촬영에 나섰고,
6개월을 사귀면서도 자신의 비밀을 드러내지 않은
남자친구에게도 사실을 알렸습니다.
미건의 모습에 남자친구가 놀라지 않은 건 아니지만,
자신을 신뢰할 만큼 편안해졌다는 사실에 오히려 행복했습니다.
그렇게 자신을 사랑하게 되자, 주변의 모든 것이 변했습니다.
모델이자 블로거로 활동하며 사람들의 관심과 사랑을 받게 된 것입니다.
또 그녀의 용기 있는 선택이 림프부종 환자를 포함해

자신의 몸을 부끄러워하는 많은 이들에게 큰 희망을 주었습니다.
자신이 다른 사람과 다르다는 것을 알게 됐을 때,
자신에게 감추고 싶은 비밀이 생겼을 때,
자신을 바라보는 사람들의 시선이 두려울 때,
더는 숨으려 하지 말고 매일 아침 거울을 보며 당당하게 말해 보세요.
'나를 사랑하자!'라고...

2016.06.24 | 더데일리뉴스 김미희 기자

브레인 스토밍

주제 1. 대학생으로서 자존감이 떨어질 때는 어느 경우이며, 자존감이 떨어질 때 '아직은'을 사용하여 리프레이밍(Reframing)하기

대학생으로서 자존감이 떨어질 때

'아직은'을 사용하여 리프레이밍(Reframing)하기

주제 2. 건강한 대학생활을 위한 구체적인 목표와 계획을 세워 보자.
(팀원과 함께 이야기 나눈 후 자신의 계획을 세워 볼 것)

목표

구체적 계획

현재 내 모습에서 바꾸어야 할 습관이나 태도

제2장

사랑을 연구하다

1. 대(大)2병과 친밀감
2. 남녀 간의 사랑
3. 이성교제와 캠퍼스커플

제2장 사랑을 연구하다

1. 대(大)2병과 친밀감

대(大)2병의 원인과 증상은?

1) 대2병, 사망년

중2병만 있는 게 아니다. 대2병도 있다.

사춘기를 겪으면서 오글거리게 쩌는 허세로 세상이 자기 것인 양 착각하고 무서운 것이 없다는 중2병에 비해 대2병은 취업 때문에 방황하는 대학교 2학년에게 해당되는 이야기다.

대학교 2학년이 되면 걸리는 이 병이 대(大)2 병이다. 이병은 '메르스(중동호흡기증후군)' 보다도 '지카바이러스' 보다도 무섭다고 이들은 말한다. 10년전 까지만 해도 취업고민은 주로 3학년 이상에 해당하는 이야기였지만 갈수록 깊어가는 경기침체와 어려운 취업 상황은 2학년부터 시작되어 학점을 챙기고 어학연수, 각종 자격증, 봉사활동 등을 준비하지만 과연 내 스펙으로 다른 사람을 이길 수 있을까? 라는 불안감에 시달리게 되어 시작된다고 한다.

대학생이라면 이제 20대, 성인기 초기로 친밀감 형성을 발달과업으로 하는 시기이다. 그런데 이들은 대학입시 경쟁에 쫓기느라 청소년기에 이룩해야 할 자아 정체성을 확립하지 못한 채 대학생이 되고 보니 나이와 몸은 성인이지만 정신적으로는 성숙하지 못해 대2병에 걸리는 것이다.

대2병에 걸리면 모든 게 자신이 없고 미래가 불안하게 생각되어 초조해지고 우울해진다. 따라서 이병에서 벗어나는 방법은 스스로 자기정체성 자기가치관들을 세워야 한다. 그러나 이러한 노력을 통해 대2병에서 나왔다고 끝난 것이 아니다. 이어서 3학년이 되는데 이를 '사망년'이라고 하는데 '사망년'은 '취업이나 고시를 준비하느라 죽겠다'는 뜻에서 생긴 신조어로 '사망년' 이것 또한 성인초기인 대학생에게 필요한 친밀감 형성을 방해 할 수도 있다는 것이다. 왜냐하면 사망년이 되면 안하던 연애는 아예 시작을 말아야 하고, 하던 연애도 그만두고 오로지 취업을 위해 모든 열정을 노력을 쏟아부어야 하기 때문이다.

어찌되었던 이처럼 대학생의 청춘시절은 그리 녹녹하지 않다는 것을 인식하고 '대2병'과 '사망년'을 지혜롭게 극복해야 한다.

2) 대2병과 자기 정체성

대2병 무서워하지 말고 당당히 맞이하자. 벗어나면 되니까!

대2병의 원인은 청소년기 이루어야 했을 자기정체성에 대한 확립이 이루어지지 않아서다. 외국의 경우 대학생이 되는 20살이 되면 부모로부터 독립해서 생활하는 것이 일반화 되어있나. 그러나 우리나라의 경우 대부분의 부모로부터 독립하지 못하고 대학교 4년간을 부모님께 의지하는 경우가 많다. 여러 가지 제도상의 문제와 연관 지어 설명할 수 있으나 입시위주의 고등학교 교육과 가장 밀접한 관계가 있다. '공부! 공부! 공부! 오직 공부만이 인생의 목표요 살 길' 임을 강요받은 청소년에게 자기 정체성이란 오로지 공부 밖에 없다. 그리고 곧 바로 대학생이 된다. 따라서 대2병을 벗어나려면 먼저 자기 성찰을 통해 중 고등학생 때 형성했어야 했을 자신의 가치관과 정체성을 확립하는데 노력해야 한다. 사아 정체성이란 객체로서의 자아와 주체로서의 자아, 즉 부모의 기대, 사회적 가치기준 등 환경적 요인을 통해 형성된 객체로서의 자기 자신과, 자신이 스스로 생각하는 '나는 누구인가?', '나는 무엇이 되고 싶은가?' 등 주체로서의 자기 자신을 맞추어 가면서 형성되는 것이다.

그렇다. 대2병에서 탈피하기 위해 이제는 나 스스로의 신념과 목적을 위해 지금의 내 현재 모습과 상황 등을 객관적으로 파악하여야 한다. 부모님이나 선생님에 의한 결정은 고딩 때 까지다. 나의 정체성 확립은 '내가 해야 하는 것'과 '내가 할 수 있는 것' 그리고 '내가 꼭 해야 되는 것'을 결정하게 하는 중요한 과업이다. 이러한 정체성확립이 바탕이 되어야 친밀감 형성이 가능하다. 즉, 정체성의 확립을 기반이 되어야 이성과의 만남에서 각자의 인생관에 대해 논의할 수 있고 또한 이성교제와 결혼에 대한 가치관 형성에 상호적으로 도움을 주고받을 수 있다는 얘기다.

삼포(三抛)세대

2011년 경향신문의 기획시리즈 <복지국가를 말한다> 특별취재팀이 처음 만들어 사용한 '삼포(三抛)세대'는 불안정한 일자리, 학자금

대출상환, 기약 없는 취업준비, 치솟은 집값 등 과도한 삶의 비용으로 인해 연애·결혼·출산이라는 전통적인 가족 구성에 필요한 세 가지를 포기한 세대를 말한다.

3포－연애, 결혼, 출산

5포－연애, 결혼, 출산, 취업, 내 집 마련

7포－연애, 결혼, 출산, 취업, 내 집 마련, 희망, 인간관계

3) 대2병과 N포세대

N포세대란? ____________________

____

____

____

대학생 시기는 이성에 대해 더 친숙해지고 알아가며 나와 어울리는 배우자를 찾을 수 있는 이성관을 키워 행복한 결혼생활을 준비해야 하는 시기다.

'친밀감'이란 자신의 정체감과 다른 사람의 정체감을 융합시키는 능력으로 졸업 후 결혼을 통해 배우자인 상대방 속에서 공유적 정체감을 형성에 필요한 것이다. 그러므로 대학생 시기 친밀감이 형성되어야 연애든 결혼이 가능하다는 얘기다. 그러나 친밀감 형성은 정제성의 형성 없이는 불가능하다. 결국 자기 정체성 확립을 바탕으로 친밀감을 형성할 수 있고 친밀감 형성을 통해 연애와 결혼 출산이 가능하다는 것이므로, 자기 정체성 확립의 부족으로 인한 대2

병은 연애, 결혼, 출산을 포기하는 N포현상의 시작점이라고 볼 수 있다.

N포세대란 청년실업세대를 대변하는 신조어로 3포 세대(연애, 결혼, 출산 포기), 5포 세대(3포 세대+내 집 마련, 인간관계), 7포 세대(5포 세대+꿈, 희망)에서 더 나아가 포기해야 할 특정 숫자가 정해지지 않고 여러 가지를 포기해야 하는 세대라는 뜻에서 나온 말이다.

'청년'의 사전적 의미는 '한창 성장하거나 무르익은 시기에 있는 사람'이다. 그런데 요즘 언론을 통해 접할 수 있는 청년은 연애와 결혼, 출산 등 포기해야 할 것이 많은 세대, 즉 'N포 세대'라 불리면서 성장하거나 무르익기는커녕 먼저 도망치거나 뒷걸음치는 모습들이다.

그러나 과연 대학생들도 자신들을 그렇게 생각하고 있을까?

아니다. 저자(著者)는 학교에서 학업과 시간제 일을 병행하면서도 연애에도 열심인 친구들을 자주 본다. 그들의 얼굴은 밝고 활기차 보인다. 그들에게 나는 물어본다. 힘들지 않느냐고? 그러나 그들의 대답은 한결같다. 이게 지금 자신의 최선이고 아직은 젊고 하고 싶은 것도 많고 할 일도 많다고!!

여러분의 청년시기가 무르익어 가고 있다. 내일을 향한 열정을 가지고 꿈을 잃지 말아라.

"그 어느 곳에서든 열정을 잃지 말자. 우리의 내일은 밝을테니. 그냥 살아가는 것이 아니라 네가 살아내는 오늘이 되기를"

(– '네가 어떤 삶을 살든 나는 너를 응원할 것이다' 中 –)

4) 친밀감 형성

대학생 시기는 대부분 '19금'을 벗어나 공식적으로 성인 역할이 시작되는 초기 성인기로 타인과의 관계에서 친밀감을 이루는 일이 중요하다. 따라서 자신의 일에 최선을 다하고 가족이 아닌 이성이나 친구와의 관계를 얼마나 친밀한 사회적 관계로 만들 수 있는 지가 중요한 관건이다.

친밀한 관계는 상호신뢰와 애정을 바탕으로 '우리'라는 상호의존성을 발달시킬 수 있어 이시기에 친밀감 형성이 성공적으로 이루어진 경우 얻을 수 있는 심리사회적 능력이 '사랑'이다. 반면 친밀감 형성에 실패할 경우 고립감으로 인해 대인관계에서 위축 등 사회적 관계에서 어려움을 겪게 된다.

대학생시기 건강한 연애 경험은 자신의 성격을 이해하고 배우자를 결정할 수 있는 기준을 제공하기도 하고, 그 사람과 더불어 건강한 부부로서 서로를 이해하고 사랑하며 살아갈 수 있는 자원이 되기도 한다. 따라서 대학생시기의 연애는 친밀감 형성을 위해서도 한 번 쯤은 해볼 만한 가치가 있다.

100세 시대! 즉 호모헌드레드(homo hundred) 시대다.

돌싱(이혼 남,여)이 더 이상 흉이 되지는 않는 세상이긴 하다만 원 가족은 보호받아야 할 귀한 가치가 있음을 기억하자. 가정이 행복하고 부부가 서로 사랑할 때 아이들의 웃음소리가 커지고 인생은 더욱 풍요로워 질 것 이라는 데 동의하지 않을 사람은 별로 없기 때문이다.

그러므로 될 수 있으면 아름다운 연애, 행복한 연애, 건강한 연애를 하자!! 이것이 그대들의 행복한 결혼생활의 전제조건이며 담보로 작용할 수 있기 때문이다.

원가족의 법칙

가정이 행복하고 부부가 서로 사랑할 때 아이들의 웃음소리가 커지고 인생은 더욱 풍요로워 진다.

브레인 스토밍

주제 1. 중2병과 대2병을 비교해 보자

주제 2. 대학생 시기 친밀감 형성은 왜 중요한가?

대2병 진단표

1. 다른 사람과 스펙을 비교하며 자기를 비하한다.
2. 평소보다 우울해진다.
3. 미래에 대한 걱정이 많다.
4. 전과(轉科), 휴학을 고민한다.
5. 진로를 끝없이 고민하지만 결정하지 못한다.

6. 세상에 나는 아무것도 아니다.
7. SNS에 내 상태를 수시로 올리고 토론 주장을 펼친다.
8. 중·고생을 보며 '저때가 좋았지'라는 말을 자주 한다.
9. 자기 스케줄을 자꾸 확인한다.

진단표에서 5개 이상이면 대2병을 의심한다.

2. 남녀 간의 사랑

대학생에게 이성(異性) 간의 사랑이 필요한 이유는?

___

___

___

1) 이성(異性)간 사랑의 의미

사랑을 진화심리학은 '자신의 생존에 유리한 이기적인 선택'으로 설명하고, 정신분석학은 '초기 애착 대상을 복원하려는 무의식적 노력'으로, 욕구이론은 '사랑은 욕구이므로 결핍에서 비롯되는 것'으로 생물학은 '호르몬의 작용'이라 본다. 그러나 사랑은 개인들에게 존재의 의미이며 삶 그자체로 사랑 없이는 살아갈 수 없다. 특히 성인 초기의 대학생에게 사랑이란 자신을 성숙시기고 자신만의 관점과 세상에서 벗어나 상대의 관점과 세상을 보살피고 아끼면서 사랑에 대한 책임과 윤리를 배우는 과정이 되므로 개인의 정체성 및 친밀감 형성에 필수적인 사회적 경험이다.

(1) Sternberg의 사랑의 삼각형 이론

– 사랑을 이루는 3가지 요소

① 친밀감(intimacy)

친밀감은 사랑하는 사람들의 관계에서 나타나는 가깝게 결합되어 있다는 느낌으로, 사랑하는 사이에서 경험하는 따듯함과 같은 느낌을 포함한다.

② 열정(passion)

열정은 사랑하는 관계에서 낭만, 신체적 매력, 성적인 몰입 같은 것들로 이끄는 욕망으로 사랑하는 관계에서 성적욕구가 열정의 주요부분을 차지한다. 그러나 열정은 자아존중감, 다른 사람과의 친화, 다른 사람에 대한 지배, 다른 사람에 대한 복종, 자아실현 같은 욕구들에도 기여하기도 한다.

③ 결심/헌신(decision/commitment)

사랑에서 결심/헌신 요소는 단기적인 면과 장기적인 면 두 가지 측면으로 구성되어 있다.

단기적으로는 어떤 사람을 사랑하기로 하는 결심이며, 장기적으로는 그 사랑을 지속시키겠다는 헌신을 뜻한다.

(2) 사랑의 8가지 유형론

사랑의 세 요소의 조합으로 이루어진 사랑의 8가지 유형

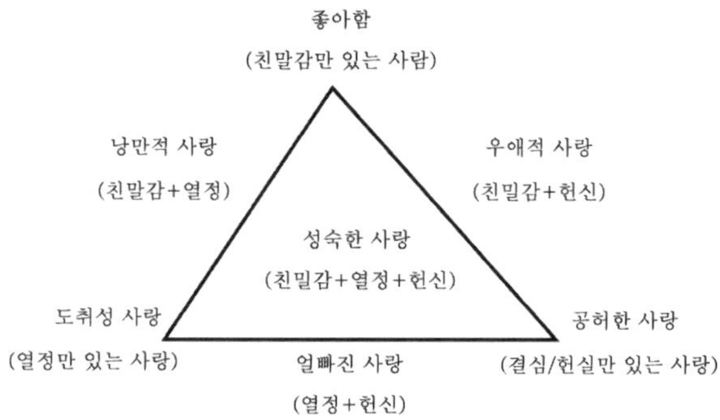

[그림 1] Sternberg의 사랑의 삼각형 이론

① 좋아함(liking): 친밀감

좋아함이란 진정한 친구들과의 관계에서 경험하는 종류의 감정으로 강한 열정이나 장기적 헌신은 없지만 '친밀감', '결합되어 있다는 느낌', '따뜻함' 같은 것을 느낄 수 있다. (베플－Best Friend)

② 도취성사랑(infatuated love): 열정

도취성사랑은 '첫 눈에 빠진 사랑' 혹은 상대를 있는 그대로가 아니라 지나치게 이상화시켜 현실을 제대로 보지 못하는 사랑을 말한다. 이것은 거의 즉흥적으로 생겨났다가 상황이 바뀌면 갑자기 사라져 버릴 수 있다.

③ 공허한 사랑(empty love): 결심/헌신

공허한 사랑은 친밀감이나 열정이 전혀 없이 상대를 사랑하겠다고 결심함으로써 생긴다. 몇 년 동안씩 서로에게 감정적 몰입이나 육체적 매력을 전혀 느끼지 못하는 정체된 관계에서 발견되는 그런 종류의 사랑이다.(아주 오랜 세월 함께한 부부의 의리)

④ 낭만적 사랑(romantic love): 친밀감+열정

낭만적 사랑은 육체적 매력이나 그 밖의 매력들이 첨가된 좋아하는 감정이다. 낭만적사랑은 서로에게 육체적 감정적으로 밀착되어 있어 사랑의 관계가 지속될 것에 대한 기대나 계획에 대해서는 특별한 노력을 기울이지 않는다.(한여름 밤의 꿈같은 사랑)

⑤ 우애적 사랑(companionate love): 친밀감+헌신

우애적 사랑은 열정의 주된 원천인 육체적 매력이 약해진 오래된 우정 같은 결혼에서 자주 발견되는 사랑이다. 사실상 대부분의 낭만적 사랑은 차츰 차츰 우애적인 사랑으로 변하면서 남게 된다.

⑥ 얼빠진 사랑(fatuous love): 열정+헌신

얼빠진 사랑은 친밀감이 결여되어 있는 할리우드 영화나 급행 구혼에서 접하게 되는 종류의 사랑이다. (어느 날 만나 갑작스런 결혼발표)

⑦ 성숙한 사랑(cosummate love): 친밀감+열정+헌신

성숙한 사랑은 사랑의 세 가지 요소가 모드 결합되어 있으며 이것은 우리 모두가 도달하려고 노력하는 사랑이다.

⑧ 사랑이 아닌 것(nonlove): 모든 요소의 부재

이것은 우리가 경험하는 다수의 대인관계에서 나타난다.

(3) 사랑의 삼각형의 기하학

사랑의 삼각형의 기하학은 사랑의 강도와 사랑의 균형이라는 두 가지 요소에 의해 만들어 진다.

① 사랑의 강도

사랑의 삼각형의 면적은 상대에 대한 사랑의 강도가 클수록 사랑의 삼각형의 중심에서 꼭지점은 멀어지게 된다.

② 사랑의 균형

사랑의 관계에서 사랑의 3요소(친밀감, 열정, 결심/헌신)가 삼각형의 균형을 결정한다.

♥ 균형 잡힌 삼각형

사랑의 3요소가 동일할 때 정삼각형이 된다.

♥ 불균형적인 삼각형

사랑의 3요소 중 가정 큰 구성요소의 방향으로 치우치는 형태의 삼각형이 된다.

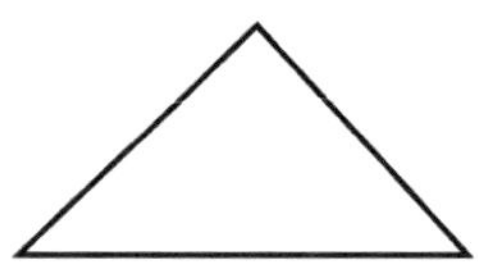

불균형적인 삼각형

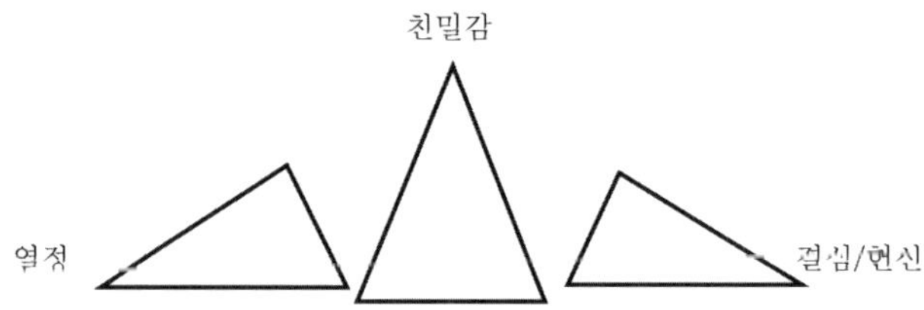

[그림 2] 사랑의 삼각형의 기하학

(4) John Alan Lee의 사랑의 유형이론

① 열정적인 사랑(Eros)

강한 정서적 감정이 특징으로 이 유형의 사랑을 하는 사람들은 이상에 맞는 상대를 만나게 되면 첫 눈에 반해버린다. 말이나 접촉을 통해 사랑을 표현하는 것을 좋아하며 이상적인 연인을 만나서 함께 사는 것이 삶에서 가장 중요하다고 생각한다.

② 유희적인 사랑(Ludus)

사랑을 일종의 게임(game-playing love)이라고 생각하여 사랑에 빠지거나 헌신할 의사가 없는 정서가 자제된 사랑으로, 성(sex)은 사랑을 표현하는 의미가 아니라 단순히 재미를 위한 것이며 결혼과 같은 미래의 계획을 기대하기는 힘들다.

③ 친구 같은 사랑(Storge)

우애적 사랑으로 시간이 흐르면서 서서히 무르익는 사랑으로 시간이 흐르면서 우연히 사랑하게 되는 지속적인 정에 근거한 사랑을 추구한다. '사랑해'와 같은 언어적 표현은 어색해하고 공유할 수 있는 관심사에 대해 이야기하기를 더 좋아한다.

④ 소유적인 사랑(Mania) : 열정적인 사랑+소유적인 사랑

극도의 의존성과 강한 질투가 특징이다. 이 유형의 사람들은 사랑받고 있다는 확인이 항상 필요하고 항상 상대로부터 더 많은 애정과 헌신을 요구한다.

⑤ 실용적인 사랑(Pragma): 친구 같은 사랑+유희적인사랑
친구 같은 사랑과 유희적인 사랑이 결합한 논리적이고 실용적인 사랑이다. 친구 같은 사랑의 특징으로 인해 자기와 서로 어울리는 배경과 관심사를 지닌 상대를 선호하지만 그렇지 못했을 경우 유희적인 사랑의 특징을 활용해 적절한 대상을 찾기 시작한다.

⑥ 헌신적인사랑(Agape): 열정적인 사랑+친구 같은 사랑
아무 조건 없이 좋아하고 돌보아주며 용서하고 베풀어주는 이타적 사랑이다. 이 유형의 사람들은 사랑하는 대상에게 관심과 보살핌을 베풀어야 할 의무를 강하게 느끼며 파트너는 그러한 배려를 필요로 하는 사람이어야 한다.

service ♂ ♥ ♀

내 사랑의 유형이 궁금하다.

1. 현재 사귀고 있는 이성 친구에 대하여 응답 할 것
2. 현재 이성친구가 없다면 최근 사귄 이성 친구를 생각하고 응답 할 것
3. 교제 경험이 없다면 이성친구가 있다는 가정 하에 응답할 것

	문항	전혀 그렇지 않다	대체로 그렇지 않다	보통이다	대체로 그렇지 않다	매우 그렇다
1	나는 실제로 OO가 잘 지내도록 돕고 있다	1	2	3	4	5
2	나는 OO를 보면 설렌다.	1	2	3	4	5
3	나는 OO가 걱정된다.	1	2	3	4	5
4	나는 OO와 같이 있으면 따듯하게 느껴진다.	1	2	3	4	5
5	나는 하루에도 몇 번씩 OO를 생각한다.	1	2	3	4	5
6	나는 필요할 때 OO에게 의지 할 수 있다.	1	2	3	4	5
7	나는 OO와의 관계를 유지하려고 애쓰고 있다.	1	2	3	4	5
8	필요할 때 OO가 나에게 의지 할 수 있다.	1	2	3	4	5
9	OO에게 헌신하고 있기 때문에 우리 사이에 다른 사람이 끼어들게 하지 않을 것이다.	1	2	3	4	5
10	나와 OO는 열렬한 관계이다.	1	2	3	4	5
11	나는 나 자신과 내가 가진 것들을 OO와 기꺼이 나눌 수 있다.	1	2	3	4	5
12	나는 OO에게 정신적으로 많은 힘을 얻고 있다.	1	2	3	4	5
13	우리 관계는 영원히 변하지 않을 것이다.	1	2	3	4	5
14	나는 OO에게 헌신하는 중에 어떤 것도 개입시키지 않을 것이다.	1	2	3	4	5

15	나는 OO에게 정신적으로 많은 힘을 주고 있다.	1	2	3	4	5
16	나는 OO가 아주 매력적이라고 생각한다.	1	2	3	4	5
17	나는 OO와 말이 잘 통한다.	1	2	3	4	5
18	나에게 OO는 내 이상형이다.	1	2	3	4	5
19	나는 남는 인생을 OO와 사랑하며 지내기를 바란다.	1	2	3	4	5
20	나는 OO만큼 나를 행복하게 해 줄 수 있는 사람은 없다고 생각한다.	1	2	3	4	5
21	나의 생활에서 OO가 아주 많은 가치를 차지하고 있다.	1	2	3	4	5
22	나는 OO에 대한 강한 책임감을 느낀다.	1	2	3	4	5
23	나는 다른 사람보다 OO와 더 같이 있고 싶다.	1	2	3	4	5
24	나는 OO를 가깝게 느낀다.	1	2	3	4	5
25	나는 OO에 대한 헌신이 변함없을 것이라 본다.	1	2	3	4	5
26	나에게 OO만 있으면 편안하다.	1	2	3	4	5
27	나에게 OO와 관계보다 중요한 것은 없다.	1	2	3	4	5
28	나는 OO를 잘 이해한다.	1	2	3	4	5
29	나는 OO와 손을 잡거나 팔짱을 끼는 등과 같은 신체적 접촉을 좋아한다.	1	2	3	4	5
30	나는 OO를 신뢰한다.	1	2	3	4	5
31	나는 OO와 손을 잡거나 팔짱을 끼는 등과 같은 신체적 접촉을 좋아한다.	1	2	3	4	5
32	OO에 대한 내 사랑은 확실하다.	1	2	3	4	5
33	나는 OO와의 관계에서 끌리는 무언가가 있다.	1	2	3	4	5
34	우리 관계는 영원할 것이다.	1	2	3	4	5
35	나는 OO를 흠모한다.	1	2	3	4	5
36	나는 OO와의 관계가 현명한 결과라고 본다.	1	2	3	4	5

37	나에 대해서 OO에게 숨김없이 털어 놓는다.	1	2	3	4	5
38	나는 OO가 없는 인생은 생각할 수도 없다.	1	2	3	4	5
39	나는 OO에 대한 책임감은 변함없을 것이다.	1	2	3	4	5
40	OO는 나를 잘 이해해 준다.	1	2	3	4	5
41	우리 관계는 열정적이다	1	2	3	4	5
42	나는 OO와의 관계를 유지 시켜 나갈 것이다.	1	2	3	4	5
43	나는 로맨틱한 영화를 볼 때나 책을 읽을 때 OO를 생각한다.	1	2	3	4	5
44	나는 OO에 대한 환상을 가지고 있다.	1	2	3	4	5
45	OO가 어려울 때도 나는 우리의 관계를 계속 유지시켜 나갈 것이다.	1	2	3	4	5

사랑의 3요소	문항번호
친밀감	1, 4, 6, 8, 11, 12, 15. 17, 21, 24, 26, 28, 30, 37, 40
열정	2, 5, 10, 16, 18, 20, 23, 27, 31, 33, 35, 38, 41, 43, 44
결심/헌신	3, 7, 9, 13, 14, 19, 22, 25, 29, 32, 34, 36, 39, 42, 45

사랑의 3요소	점수
친밀감	
열정	
결심/헌신	

내 사랑의 유형은?

내 사랑의 삼각형을 그려보기

2) 남녀 간 사랑의 유통기간

남녀 간 사랑에도 유통기간이 있다. 찬성? 혹은 반대? 그 이유는?

첫 눈에 반하는 시간은 10만분의 15초, 대화로 상대의 매력을 판단하는 시간은 90초, 사랑의 지속기간은 900일!

사랑은 변할까? 대답은 'yes'다.

정신의학자와 과학자들의 사랑에 빠진 연인들의 뇌에 대한 연구 결과 사랑은 갈망→끌림→애착의 3단계를 거치며, 각 단계마다 뇌에서 분비되는 호르몬들로 인해 다른 감정을 느끼게 된다. 그러나 이러한 호르몬이 높게 유지되는 기간은 2년이라고 분석했다. 결국 남녀 간에 가슴 뛰는 사랑은 18개월에서 30개월 정도. 그 기간이 지나면 두근거림은 사라지고 얼굴만 보아도 행복했던 순간들은 '익숙함'이라는 감정으로 대체된다는 것이다.

사랑에 빠진 연인들의 뇌에서 분비되는 호르몬을 살펴보자.

1단계인 갈망단계에서 분비되는 호르몬은 도파민으로, 하루 종일 그(그녀)의 얼굴이 떠오르고, 그(그녀)의 뒷모습만 봐도 행복하고, 작은 일에도 감동을 하고, 웃음이 많아지고, 남에게 이유 없이 친절해진다면 도파민이 주범이다. 여기에 아드레날인과 세로토닌도 한 몫 거들고 있는데 그(그녀)를 보면 심장이 두근거리고 얼굴이 빨개지는 '신체증상'과 그(그녀)가 하는 짓이 다 예쁘게만 보이는 '눈에 낀 콩깍지' 현상은 아드레날인과 세로토닌의 영향이다.

2단계인 끌림 단계는 '조금씩 집 앞에서 널 들여보내기가 힘겨워지는 나를 어떡해'의 단계로 페닌에치아민(PEA)이 작용한다. 초콜릿에 있는 물질이기도 한 이 PEA는 중추신경을 자극하는 천연 각성제로 '처음이야 내가 드디어 내가 사랑에 난 빠져버렸어'처럼 제어하기 힘든 열정으로 가슴이 터져버릴 것 같은 느낌을 들게 한다.

3단계인 애착단계는 사랑에 안정적으로 정착하는 단계로 껴안게 만드는 호르몬(cuddling hormone)으로 불리는 옥시토신의 몫이다. 이어서 통증을 없애주는 마약과 비슷한 물질인 엔돌핀이 분비되어 사랑에 대한 즐거움과 기쁨을 느끼게 된다.

이 3단계를 지나면 사랑은 익숙함으로 대체되고 눈에 끼인 콩깍지가 벗어지는 순간을 맞게 된다.

이제 그동안 '정의의 기사'이며 '왕자님'이었던 그와 '여신'이며 '공주님'이었던 그녀가 '평범남', '평범녀'로 강등되고 나아가 한 판 전쟁이라도 치루고 나면 '천민' 즉 '천한 것'으로 급기야는 '원수지간'이 되기도 한다.

이처럼 사람의 마음인 사랑은 변하고 움직이므로, 사랑을 잡으려고 애쓰면 사랑은 도망가지만 사람을 곁에 두려 애쓰면 사람의 마음인 사랑은 늘 함께한다.

브레인 스토밍

주제 1. 대학생으로서 남녀 간의 성숙한 사랑이란?

주제 2. 과학적으로 밝혀진 사랑의 유통기간은 모든 연인에게 적용되는 것인가? 그렇다 혹은 아니다 이유는?

YES

NO

3. 이성교제와 캠퍼스커플

대학생의 이성교제(연애)장점과 단점은?

1) 이성교제(연애)

대학시절 맺은 연인과의 추억은 누구나 한 번쯤은 꿈 꿀 수 있는 로맨스일 것이다. 이처럼 이성 친구와의 교제는 대학생들에게 있어 가장 큰 관심사로, 바람직한 이성교제는 이성에 대한 이해, 원만한 인간관계, 성숙한 인격 형성 등 많은 유익을 제공할 수 있지만 그렇지 않을 경우 대학생들의 정서적, 심리적 문제의 원인이 되기도 한다. 또한 이시기의 이성교제에 대한 태도가 결혼 생활까지도 이어지므로 이성교제는 결혼 생활의 준비 과정으로서 매우 큰 중요성을 갖는다고 할 수 있다.

대학생이라면 대부분 미팅이나 소개팅 등을 통해 이성을 접하는 기회를 자주 접할 수 있으므로 이성을 사귀는 것은 매우 당연하고 자연스러운 모습으로 생각하고 있다. 이성교제의 장점은 서로를 생각해 주는 상대가 있어 정서적 만족감을 느낄 수 있고, 타인을 배려함으로써 인격의 성장을 이룰 수 있게 되고, 인간관계의 적응력 향상으로 자신감이 생기고, 자아개발과 미래에 자신에게 어울리는 배우자 선택을 위한 경험에 도움이 되기도 하지만 이에 반해 단점으로 상대에 대한 집착으로 폭 넓은 인간관계를 방해받을 수 있고, 이른 성경험으로 인한 돌이킬 수 없는 신체적 심리적 상처의 위험이 있을 수 있으며, 학업에 방해가 되며 용돈을 많이 쓰게 되고 자신의 미래를 준비할 수 있는 시간이 줄어들 수 있다. 따라서 대학시절 건전한 이성교제를 통해 자기계발에 힘쓰고 서로를 통해 시너지 효과를 발휘한다면, 보다 가치 있는 관계를 다져나갈 수 있을 것이다.

2) 캠퍼스커플(Campus Couple)

CC란 'campus couple'의 줄임말로 말 그대로 같은 대학교 내의 커플을 뜻하며 같은 과일 경우 과CC라고 부른다. 과CC의 경우 학과 행사나 수업 듣다가 만나게 되고, 다른 과CC 역시 수업이나, 동아리 활동 혹은 과 미팅을 통해 만나서 연인이 되는 경우가 많다.

(1) 학교CC와 과CC

학교 CC는 자신의 과를 제외한 같은 학교 학생과의 연애를, 과 CC는 같은 과 학생과의 연애를 말한다.

(2) 캠퍼스 커플의 장점 단점

① 매일 볼수 있다 (매시간 매분, 매초!! 항상 볼 수 있다.)

② 단속하기가 쉽다 (바로 옆에 붙어있는데 부처님 손바닥 안~~~ㅋ)

③ 같이 듣는 교양과목이나 같은 과 같은 과목의 경우 숙제걱정은 안 해도 좋아!! 룰루랄라 ♬♫

(졸려서 못할 때. 바빠서 못할 때. 자기 것 하는 김에 내 것도~♡)

④ 할 얘기 너무 많음

(만나서 왜 뻘쭘해? 이야기 주제가 넘쳐 나는데?)

⑤ 부러움의 대상(솔로들의 시기와 부러움을 한 몸에 받는다.)

(3) 캠퍼스 커플의 단점

① 핑계나 거짓말을 못한다.

(내가 하는 일을 애인이라고 모를까? 더 잘 알고 있을 수도!)

② 지겨워 지기도 하고 구속당하는 게 가끔은 짜증난다.

(매일보고 매일 같이 다니니까)

③ 신비감은 없다.

(책상에서 침 흘리고 자는 거 보고 있어보라!! 노코멘트)

④ 미팅? 소개팅?은 디엔딩(The Ending)

⑤ 만약 헤어지면 '노 답'

브레인 스토밍

주제 1. 눈살 찌푸리게 하는 캠퍼스커플의 모습은?

주제 2. 현명한 캠퍼스커플이 되는 방법

1) CC일 때

2) 이별한 CC일 때

〈이성관계로 발전하는 되는 과정〉

남녀가 이성관계로 발전하는 과정은 '송아지 사랑(Calf love)', '강아지 사랑(Puppy love)', '연애기(Romantic attachment)'의 세 가지 단계로 이루어진다(Hurlock, 1995).

① 송아지 사랑(Calf love)

청소년기 초기에 선생님, 인기 배우, 가수 등의 연상의 이성에게 존경과 숭배, 사랑의 감정이 혼합적으로 나타나는 사랑의 형태이다.

② 강아지 사랑(Puppy love)

비슷한 연령의 이성에 대해 처음으로 관심을 갖게 되는데, 마치 강아지들이 모여서 장난하는 모습 같기 때문에 붙여진 이름이며, 이성과의 접촉이 처음이고 낯설기 때문에 어색하고 불안정한 특징을 가지고 있다.

③ 연애기(Romantic attachment)

두 이성이 서로 만나서 데이트하고 그 상대자에게 집중하는 단계다.

Hurlock (1995). Adolescent Development, New York: McGraw Hill Book Company, Inc.

제3장

달라도 너무 다른 남 그리고 여

1. 남자 여자 너무 달라요
2. 이런 모습에 반하다(남자 여자)
3. 이런 모습에 확 깬다

제3장 달라도 너무 다른 남 그리고 여

1. 남자 여자 너무 달라요

페미니즘(feminism)이란?

1) 생물학적 다름

생명이 시작되는 수태의 순간부터 결정되는 남녀의 생물학적 차이는 생식기의 다름이다. 이는 인간의 23개의 염색체중 23번째 (여자 XX, 남자 XY), 단 1개가 다르기 때문이다. 결국 여성과 남성의 생물학적 차이는 1/23의 차이로 남녀의 차이는 결점이나 우열의 표시가 아니라 분리된 별개의 성(sex)일 뿐이다. 이에 최근 출현한 피메일리즘(femaleism)은 남녀의 생물학적 차이를 인정하지 않으려는 페미니즘(feminism)과 달리 생물학적 차이를 인정하고 남녀가 그에 맞는 역할을 해야 한다는 주장하고 있다.

페미니즘은 '성적 차별'은 문화적인 산물로 여겨 양육의 관습과 입법화로 극복할 수 있다고 주장해왔다. 이에 반해 피메일리즘은 여자가 남자에 비해 뇌와 신체가 작은 사실을 인정하나 여성이 남성에 비해 뛰어난 부분도 많다는 점을 함께 인식해야 한다고 주장한다. 예를 들어 마라톤의 경우, 40년 전 여자 기록이 남자 다 32% 가량 뒤졌지만 지금은 그 차이가 4.2%에 불과한 것으로 나타나 다음 세기에는 남자를 따라 잡을 수도 있다는 예측을 할 수 있게 한다. 이처럼 육상, 수영, 스케이트 등 스포츠 종목에서 여자는 오늘날 십년 전의 남자보다 빠른 기록을 내고 있다.

피메일리즘(Femaleism)

남녀의 생물학적 차이를 인정하지 않으려는 종래의 페미니즘과 달리 이를 인정하고 남녀가 그에 맞는 역할을 하자고 주장한다. 남녀는 다만 신체적 구조가 다른 만큼 사회적 역할을 달리할 뿐이지 그 동안 우리가 생각했던 것처럼 남성이 여성보다 태어나면서부터 우월하다든가 능력이 있는 것은 결코 아니라는 점은 분명히 하고 있다.

	페미니즘	페일리니즘
궁극적인 목표	여성만 해방	조화, 상생
남녀의 생물학적 차이	불인정	인정
기본적 생각	여성성(femininity)=남성성(masculinity)	

2) 심리적 다름

남녀의 성차에 관심을 두고 발전한 진화심리학에서 가장 중요하게 다루는 것은 적자생존(適者生存)으로 살아남는 것(survival)과 재생산(reproduction)은 가장 중요한 문제로 본다. 그러나 유기체(인간)의 생명은 유한하기 때문에 살아남는 것이 한계가 있으므로 결국 재생산이 더 중요한 이슈가 되어 왔다. 적자생존의 문제 중 먼저 재생산의 관점에서 남자와 여자는 다른 역할을 맡게 된다.

오래전부터 남성들은 자신들의 주니어(Junior)의 재생산을 위해 여성에게 자신의 능력을 보여줄 필요가 있었으며, 결국 주로 일과 문제해결이 능력의 기준이 되었다. 따라서 남성은 문제나 일이 생겼을 때, 문제해결이 우선이 된다. 이러한 남성은 사회지향적인 특성을 갖게 되어 자신의 내부에 대해서 관심보다는 외부의 사건에 대해서 관심을 가지게 되었다.

정확히 따져본다면 재생산은 여성의 역할이다. 여성이 생명의 재생산을 위한 기간에는 신체적으로 가장 취약한 상태에 있기 때문에 자신을 보호해줄 남성을 원한다. 이로 인해 여성은 자신을 보호해줄 남성을 찾기 위해 그들이 원하는 주니어의 재생산과 양육에 잘 준비된 여성이라는 것을 어필할 필요가 있어 따뜻함과 보살핌이라는 정서적인 부분을 발달시킨 것이다. 즉 여성은 관계 중심적 특징을 갖게 되었다.

이처럼 사회중심적인 남성과 관계중심적인 여성은 애정표현도 대화 방식도 스트레스를 푸는 방식도 다를 수 밖 에 없다.

3) 다름의 미학

지구의 반은 남자고 여자이고 남자와 여자는 뇌 구조가 다르다. 남녀의 뇌 구조가 다르듯이 남녀의 행동방식에도 차이가 있다.

여자는 좌뇌와 우뇌가 고루 발달되었기에 여러 가지 일을 한꺼번에 할 수 있지만 남자는 그렇지 못하다. 어느 한쪽만 치우쳐 발달된 탓에 남자들은 오직 한 가지 일에만 집중하게 되고 여기서 남녀의 갈등이 발생하는 것이다. 여자가 아무리 뭐라 얘기를 해도 신문을 보거나 뭔가에 열중해 있는 남자는 정말로 안 들려서 그럴 수 있다. 그리고 여자들이 멜로물을 보고 싶어 할 때 남자들은 액션물을 찾고, 여자들이 드라마를 보며 눈물지을 때 남자들은 야구경기, 축구경기 등을 보며 환호성도 지르고 욕지거리도 해가며 시끄럽다. 뇌구조가 다르다는데!!

남녀는 바로 이런 행동방식의 다름을 인정해야 한다. 따라서 가기 싫어하는 곳을 억지로 데려 가려 강요하지 말고, 꼭 멜로물! 액션물! 그 영화여야만 한다면 동성친구와 함께 가면 된다.

이처럼 남녀는 너무나 다르다는 점에서 서로에게 매력을 느끼기도 하지만, 반면에 다름은 남녀사이 갈등의 원인이 되기도 한다. 그러므로 서로 사랑 하면서 잊지 말아야 할 것은 자신의 입장에서 상대방을 판단하지 않아야 한다. 그렇게 되면 결국 사랑하는 두 사람이 싸울 일 밖에 없다.

사랑한다면 다름(different)과 틀림(wrong)의 차이를 구분해야 한다. 남자와 여자는 서로 다른 것 뿐, 누가 옳고 누가 틀린 것이 아니다. 이 세상에 타고난 기질이나 성격, 성장 과정, 생활 습관, 정서 상태 등이 똑같은 사람은 아무도 없다. 따라서 아무리 사랑하는 사람이라도 서로 다른 게 당연하다. 서로의 다름을 인정할 때 연애와 결혼은 더욱 행복할 수 있을 것이다.

브레인 스토밍

주제 1. 남자와 여자의 다른 점
(애정표현, 대화방식, 힘들 때, 쇼핑할 때 등)

애정표현

대화방식

힘들 때

쇼핑할 때

주제 2. 페미니즘(feminism)과 피메일리즘(femaleism)의 차이점은 무엇이며, 자신의 생각에 더 가치가 있다고 여겨지는 것은?

2. 이런 모습에 반하다(남자 여자)

내가 반하는 이성(異性)의 모습은?

1) 매력적인 이성이 되자.

요즘 젊은 남녀들에게 매력적인 이성은 어떤 모습일까? 사실 요즘 선호하는 매력적인 이성의 기준이 예전과는 많이 달라졌다. 그렇다면 매력적인 이성의 모습은 시대와 사회문화적 흐름에 따라 바뀌는 것일까?

영국의 온라인 신문 텔레그라프에 따르면 양성평등이후 '똑똑한 여성, 예쁜 남자가 대세'라고 한다. 이 말은 남성들은 미인보다는 능력 있는 여성을 선호하고 여성들은 경제력 있는 남자보다 신체적으로 매력 있는 사람을 선호한다는 것이다. 이러한 결과가 영국의 요크대학 심리학자들이 30여 개국 1만2천명을 대상으로 한 연구결과임을 고려할 때 현재사회의 젊은이들의 이성관은 전통적인 이성에 대한 가치관이 보다 현실적이고 적극적인 가치관으로 바뀌고 있다는 것을 알 수 있다. 이러한 현상은 양성평등이후 교육을 받거나 직업을 가질 수 있는 기회와 정치적 영향력 등에서 남녀의 차이가 줄어들게 된 결과로 볼 수 있으며, 양성평등 사회일수록 남성은 여성의 겉모습을 매력의 척도로 보지 않으며 여성 또한 남성의 경제력이외의 것을 고려하게 되었다고 볼 수 있다.

그렇다면 현재 우리사회의 젊은 세대들의 매력적인 이성에 대한 가치관 어떠한가? 서구사회의 젊은 세대들과 매력적인 이성에 대한 가치관의 차이는 분명 존재한다고 본다.

그러나 그 차이는 틀림이 아니라 다름일 뿐!

대학생으로서 가져야 할 매력적인 이성에 대한 가치관은 건강하고 긍정적이어야 한다는 것을 명심하자.

자신이 다른 사람에게 매력적인 사람이라는 것은 쉬운 일은 아니다. 첫인상이나 처음은 별로였지만 시간이 지날수록 새롭게 발견되는 그 사람만의 매력이 크게 와 닿으면 외모, 경제력, 학벌, 집안 등 겉으로 드러나는 조건들 보다 그 사람의 내면에서 드러나는 진실함에 반하게 된다.

Modern men value brains over curves

Modern women value physical attractiveness over wealthy husband.

Modern men increasingly cherish women for their brains rather than their looks or their skills in the kitchen, a study has found.

Modern women are becoming ever more swayed by physical attractiveness and less concerned with finding a wealthy husband.

출저: 텔레그래프 2012.9.9에서 발췌 (Nick Collins기자)

2) 볼매남 · 볼매녀

'볼매남'은 볼수록 매력 있는 남자고 '볼매녀'란 볼수록 매력 있는 여자다. 처음 보자마자 '어머! 잘생겼다'의 남자가 '꽃미남'이라면, '볼매남'은 '성격도 좋을 것 같고, 외모도 그런대로 준수하다'는 남자로 볼수록 깊이 빠져드는 치명적인 매력의 사람이란 뜻으로 쓰인다. 한 번 보고 '야! 진짜 이쁘다'의 여자가 '여신'이라면, '볼매녀'는 확실하게 예쁘기 보다는 항상 선한 이상을 주는 매력 있는 여자로 '인상녀'라고도 한다.

매력적인 남자란 얼굴 잘생기고, 키 크고, 옷 잘 입고, 몸매 좋고 거기에 좋은 학벌에 능력까지? 그러나 아무리 능력이 좋고, 외적인 조건이 뛰어나다고 하더라도 좋은 마음가짐을 가지지 않으면 그것은 매력이 아니다. 인물이 아깝다는 말만 들을 뿐이다.

매력적인 여자란 얼굴이 예쁜데 귀엽기까지 하고, 여성스러운 스타일에 섹시하고 패션 감각까지? 그러나 아무리 외모는 '여신'이라지만 다른 사람을 배려해 줄 모르고 자신만 사랑하는 나르시즘에 환자라면 '여신'이 아니라 '된장녀'란 소리를 듣게 될지도 모른다.

풀 꽃

나태주

자세히 보아야 예쁘다.
오래 보아야 사랑스럽다.
너도 그렇다.

이 시가 많은 사람의 가슴에 와 닿는 이유는 영화에서처럼 첫눈에 반한 불꽃같은 사랑보다 첫 인상은 별로지만 자주 만나면서 그

(그녀)를 자세히 보게 되면 좋은 점, 예쁜 점 이 하나 둘 발견하게 된다. 그(그녀)가 아이처럼 순수하고 매순간 최선을 다하며 감사할 줄 아는 사람, 남을 배려하고 자신의 내면까지도 가꿀 줄 아는 사람이라면 그(그녀)는 건강한 매력을 소유한 '볼매녀', '볼매남'일 가능성이 아주 높다. 볼수록 매력적인 것은 자세히 보고 오래 보아 사랑스러운 것이다. 숨겨진 매력이란 이런 것이다. 오랫동안 그리고 자세히 보아야 알 수 있는 매력이다.

브레인 스토밍

주제 1. 남자가 생각할 때 매력적인 남자는?/ 여자가 생각할 때 매력적인 여자는?

남자가 생각할 때 매력적인 남자는?

여자가 생각할 때 매력적인 여자는?

주제 2. 남자가 생각할 때 매력적인 여자는? /여자가 생각할 때 매력적인 남자는?

남자가 생각할 때 매력적인 여자는?

여자가 생각할 때 매력적인 남자는?

3. 이런 모습에 확 깬다

내가 확 깨는 이성(異性)의 모습들은?

연애하면서 상대에게 언제나 '훈남', '훈녀'로 비춰지기란 쉽지 않다. 사귀다 보면 예상치 못한 의외의 모습을 발견할 수 있고 그 모습 때문에 '확! 깬다'는 인상을 받는 경우가 있다. 한창 분위기 좋다고 생각했는데 갑자기 돌아서버린 그(그녀). 특별히 잘못한 것도 없고 크게 싸운 적도 없는데 그(그녀)를 확 깨게 만든 사소하지만 결정적인 몇 가지 문제는 무엇일까?

1) 훈남과 훈녀

'훈훈하다'는 형용사로 '날씨나 온도가 견디기 좋을 만큼 덥다.', '마음을 부드럽게 녹여 주는 따스함이 있다.', '향내가 감돌아 흐뭇하다.'의 뜻으로 쓰인다. '훈남'과 '훈녀'란 일반적인 미녀와 미남이라기보다는 볼수록 훈훈해지는 외모뿐만이 아니라 따뜻한 마음을 가진 사람들을 의미한다.

2) 확 깨는 남자

성인남녀회원 성인 남녀 200명을 대상으로 '남자 여자, 이럴 때 확 깬다.' 라는 주제의 설문조사를 실시한 결과 확 깨는 남자 1위로 '1차 계산하고 난 뒤, 2차는 네가 계산하는 거지?' 라고 물어보는 남자'를 가장 '깨는' 남자라고 선택했다. 그 뒤를 이어 2위는 '덩치는 산만한데 문자에 각종 이모티콘 섞어가며 귀여운 척 하는 남자', 3위는 '온갖 폼은 다 잡아놓고 정작 길다가 시비 붙으면 아무 말 못하고 피하는 남자'였다.

(결혼정보회사 가연 & 온라인미팅사이트 안티싱글, 2012)

3) 확 깨는 여자

확 깨는 여자 1위로 '조신했던 그녀, 친구들과 통화할 땐 육두문자 섞어가며 돌변할 때' 가장 확 깨는 여자로 나타났다. 그리고 '깔끔해 보였는데 알고 보니 머리 안 감는 것은 기본, 세수도 잘 안 하는 여자', '첫 만남에 연봉, 자동차 종류 물어보는 여자'가 각각 2위와 3위를 기록했다.

(결혼정보회사 가연 & 온라인미팅사이트 안티싱글, 2012)

그러나 이러한 단편적인 모습을 그(그녀)의 전체 모습으로 생각하는 것은 어리석은 일이다. 그(그녀)에게 사랑을 느낀 이유를 생각해보자.

혼자 하는 연애는 짝사랑일 뿐!!

결굴 연애는 혼자 하는 것이 아니다 둘이서 하는 것이고 따라서 한 가지 요소로 '확 깰' 수는 있지만, 그 이유가 당장 헤어짐의 이유가 되어서는 안 된다. 모든 것이 다 좋아 보이는 연애 초기의 행복과 설렘도 좋지만, 서로 다른 점을 맞춰가는 노력 역시 연애의 일부이다.

눈에 사랑의 콩깍지가 낀 열정적인 연애도 시간이 지나면 점점 시들어 간다. 이 사랑의 콩깍지가 벗겨졌을 때 내가 알던 사람이 맞나? 할 때 그(그녀)의 모습에 실망만 하지 말고 그(그녀)가 어떠한 생각을 하는지 어떠한 모습을 원하는지 그것을 정확하게 알아나가는 노력이 더 현명한 사랑이 아닐까?

브레인 스토밍

주제 1. 대학생 연인으로서 남자, 여자 이럴 때 확 깬다.

남자 이럴 때 확 깬다.

여자 이럴 때 확 깬다.

주제 2. 대학생으로서 훈남과 훈녀의 조건은?

훈남의 조건

훈녀의 조건

제4장

행복한 연애를 위한 레시피

1. 썸
2. 어장관리
3. 행복한 연애를 위한 매너
4. 건강한 성

제4장 행복한 연애를 위한 레시피

1. 썸

썸은 왜 탈까?

'썸'은 '썸띵(Something)'의 준말로 본격적인 연애 직전의 탐색 단계, 연인 같은 묘한 기류가 흐르는 상황을 표현하는 말로 본격적인 연애 직전의 탐색 단계, 알콩달콩 연인 같은 묘한 기류가 흐르는 상황을 말한다.

1) 썸

영화 <오늘의 연애>에서 진행한 설문조사에 따르면 20·30대 남녀 3명 중 1명은 썸을 타고 있으며 보통 썸 타는 기간은 2주에서 1달 미만이라고 하였으며, 썸의 가장 큰 장점을 설레임이 있어서라고 답했다. 또한 썸을 타는 과반수는 사귀자고 고백하고 썸을 끝낸다고 한다. 생각보다 썸 타는 대학생들이 많고 썸 타는 기간은 짧다는 것을 알 수 있다. 결국 설레이는 '썸'에서 사랑하는 '연인'으로 발전하는 최적의 타이밍이 2주에서 1달인 셈이다. '내 꺼 인 듯 내 꺼 아닌 내 꺼 같은' 관계에서 이제는 '내 꺼 이고 네 꺼 인 관계'가 되기 위해서는 '썸' 타는 법이 중요하다. 잘못하면 '썸'이 '쌈' 이 되거나 '섬(짝사랑)'으로 끝날 수도 있으니까 말이다. '썸'이란 설레이는 감정을 쌓으면서 '연인'이 돼 가는 과정이다. 따라서 썸은 그(그녀)를 내가 원하는 이상형으로 만들어 가는 게 아니라 나랑 함께 할 '사랑하는 사람'을 찾기 위한 노력과 과정인 셈이다.

2) 제대로 '썸' 타기

(1) 아직은 사귀는 사이가 아니다.

'썸'은 호감을 갖고 있지만, 아직 서로 사귀지 않는 단계이다. 따라서 마치 사귀는 것처럼 행동하거나 구속하려고 한다면 서로 불편해진다. 그리고 상대방의 SNS(Social Network Service) 털어 인맥관계나 사생활까지 속속들이 파헤쳐 상대방의 모든 걸 알려고 한다면 그건 '썸'이 아니다. 적당히 거리를 두고, 자신의 할 일을 하면서, 상대를 객관적으로 파악해야 한다.

(2) 나만의 매력을 어필하자.

'썸' 탈 때 내숭은 기본이다. 그러나 내숭이라고 해서 가식적이고 거짓인 모습을 보여주라는 것이 아니라 보다 매력 있고 멋진 모습으로 보일 수 있게끔 노력하라는 것이다. '그냥 난 솔직하게 자연스러운 모습을 보여 주겠어'라는 생각으로 함부로 행동한다면 상대방은 생활이 무절제하고 원칙이 없는 사람으로 오해 할 수도 있다. 특히 분위기 좀 잡자며 마신 술로 무장해제 되어 '꽐라남', '꽐라녀'

가 된다면 '썸' 타기는 접어야 한다. 나에 대한 상대방의 관심이 '눈에 끼인 콩꺼풀'로 이어지는 게 아니라 콩은 없는 '콩 껍데기'로 변해 사라질 수 있을 테니까.

(3) 서로 공감할 수 있는 주제로 대화하자.

사귀는 사이도 아니면서 벌써 그(그녀)에게 나의 연인인양 친밀한 모습을 요구하거나 일방적으로 자신의 의견만 고집해서는 안된다. 서로 공감할 수 있는 주제로 대화를 이어나가야 하고 듣는 태도 역시 중요하다. 서로 잘 들어 주어야한다는 것이다. 나와 너의 관계를 시작하는데 있어서 중요한 요소는 공감과 대화이다.

(4) 썸 타는 기간이 길어지면 안 된다.

'썸'을 타고 보니 처음 생각보다 훨씬 더 괜찮고 호감이 가는 상대인데 어정쩡한 관계로 우물쭈물 시간을 끌다보면 상대방은 지치기도 하고 이 관계가 도대체 무엇일까 답답해하고 회의감을 느끼기도 한다. '썸'타기는 최소 2~3주를 넘기지 말고 사귀고 싶다고 생각이 들면 확신 있게 솔직한 자신의 감정을 고백해야 한다.

3) '썸'만 타는 이유

요즘 대학생들이 '썸'만 타는 경우를 종종 본다. 그런데 '썸'만 타는 이유는 무엇일까? 단지 연애 기술이 없어서만도 아니다. 그저 '사랑'이란 '썸'타는 관계 정도가 안전하다고 생각하기 때문이다. 연인 관계 속에서 자신의 정체감을 잃어버리고 휘둘릴까 봐, 사랑 때문에 자신이 계획한 미래가 불확실해지고 흔들릴까 봐 즉, '구속과 책임감이 싫다'는 것이다. 여기에 하나 더 '불안감'이 그 원인이다. 거절당하고 헤어졌을 때의 상처를 감당하지 못할 것 같아 불안해 한다. 상처를 덜 받고 싶어서다. 결국 사랑하는 관계에서처럼 진짜 자신을 열어 보이거나 할 생각은 처음부터 없으며 당연히 이런 관계는 오래갈 수가 없다. 언제나 상대만 바뀐 '썸'을 탈 뿐 '썸'만 타는 상황은 계속된다.

결국 '썸타기'란 일종의 '간보기'로 3포, N포 세대라는 신조어를 양산하게 된 청년실업과 같은 사회현상이 대학생들에게 '연애'라는 관계 자체를 부담스럽게 만들어 소위 말하는 '썸'(사귀는 단계 직전)까지는 좋지만 그 이상의 관계를 맺고 싶지 않다는 것이다. 그리고 또 하나 부모의 과보호 속에서 성장한 대학생들의 경우 책임지는 사랑이 부담스러운 심리적인 이유가 3포, N포의 사회현상과 결합된 양상일 수 있다. 이들에게 연애는 누군가를 공식적으로 사귀는 행위로 서로 재고, 따지고, 신경전을 벌이는 등 감정소모를 할 일이 너무 많아서 귀찮고 서로에게 많은 책임이 따르는 복잡한 일이라 피하는 것일 수 도 있다. 즉 만나는 사람이 있어도 가볍고 재미있게 '썸' 타는 건 좋지만 그 이상의 사이로 발전하고 싶은 마음은 없다. 그러나 만약 세상의 조건과 기준으로 상대를 판별하기 위해서, 더 괜찮은 상대를 만나기 위해서 이 사람, 저 사람과 '썸'을 탄다면 이런 태도는 올바른 방법이 아니다.

4) 초식남과 건어물녀

'초식남(草食男)'은 '초식계 남자'라고도 불리우며 이들은 기존의 '남성다움'을 강하게 어필하지 않고 온순하며 묵묵히 자신의 일에

만 집중하고 자신의 취미활동에 적극적이나 이성과의 연애에는 소극적인 동성애자와는 차별된 남성을 말한다. '건어물녀'는 연애보다는 집에 혼자 있는 것을 좋아하고, 건조하고 메마른 감성을 지닌 여자로건어물처럼 마음도 애정도 바짝 말라 버렸다고 해서 붙여진 이름이다

이처럼 자기 자신에 대한 애착이 강해지면서 직업에는 열정을 쏟고 자신만의 취미활동에 투자를 아끼지 않으며 연애에 대한 욕구가 사라져 버린 사람들을 '초식남'과 '건어물녀' 이다. 그렇다고 이들이 꼭 '썸'만 탄다고 하기에는 억지가 있어 보인다. 초식남과 건어물녀는 연애에 대한 욕구 자체보다는 자신에게 더 관심이 있기 때문이다.

브레인 스토밍

주제 1. '썸'은?, '연애'는?

주제 2. 초식남과 건어물녀가 되는 이유는 무엇일까?

초식남 테스트

1. 격투기가 왜 재미있는지 모르겠다.
2. 회식에서 건배할 때 음료수도 OK
3. 고백을 받으면, 일단 누군가에게 상담 한다.
4. 소녀 취향의 만화가 싫지는 않다
5. 여자 친구들과 잘 어울리지만, 연애로 발전하는 경우가 거의 없다
6. 편의점 신제품에 항상 관심을 가진다.
7. 일할 때, 간식(특히 과자)을 옆에 둔다.
8. 외출하는 것보다 에 있는 것을 더 좋아 한다.
9. 이성을 위해 돈을 쓰는 것 보다 다양한 취미생활을 즐기는 인생을 산다.

* 6개 이상 해당되는 당신은 초식도 90%

* 3개~5개를 체크한 당신은 초식도 60%

* 2개 이하에 해당되는 당신은 초식도 20%

건어물녀 테스트

1. 맨날 귀찮아~귀찮아 거린다.
2. 남자 만날 마음이 전혀 없다.
3. 퇴근 후 집에 가는 것이 제일 좋다'
4. 퇴근 후부터 출근 전까지 추리닝 차림으로 지낸다.
5. 방안에 늘어놓은 옷가지를 피해 걸어 다닌다.
6. 하루의 스트레스와 시름을 캔 맥주로 푼다.
7. 문자의 대답이 짧고 늦다.
8. 혼잣말이 많다. 애완동물과 대화를 한다.
9. 긴 베게를 끌어안기를 좋아한다.
10. 집에 안주용 건어물이나 견과류가 늘 준비되어 있다.
11. 혼자 밥을 먹어도 외롭지 않다.
12. 재밌는 일도 귀찮아서 안 한 적이 있다.
13. 연애의 끝은 늘 안 좋다고 생각 한다.
14. 최근 가슴이 두근거린 기억은 계단을 걸어 올라갔을 때뿐
15. 금요일 밤은 어딜 가도 번잡해서 주로 집에서 보낸다.

* 9~12 개 : 반쯤 건어물녀

* 13개 이상: 완벽한 건어물녀

잠깐 쉬어가기ㅋㅋㅋ 믿거나 말거나!!!

1. 기념사진으로 알아보는 상대의 성격

앨범에서 단체로 찍은 사진을 찾아본다. 사진에서 그 사람의 위치로 성격을 알 수 있다.

① 앞줄 한가운데에 서 있는 타입

② 뒷줄 가장자리에 서 있는 타입

③ 중앙의 한가운데에 서 있는 타입

④ 어디에 있는지 찾기 힘든 타입

<해석>

① 앞줄 한가운데에 서 있는 타입

튀기를 좋아하는 사람. 주도권을 쥐고 싶어 하는 리더 타입의 성격.

② 뒷줄 가장자리에 서 있는 타입

눈에 띄는 것을 좋아하지 않는다. 상대방을 존중해줄 줄 아는 성격.

③ 중앙의 한가운데에 서 있는 타입

겉으로 드러내지 않지만 은근히 튀는 것을 좋아하는 사람. 만약 결혼을 한다면 개성적인 생활을 즐길 수 있다.

④ 어디에 있는지 찾기 힘든 타입

자신의 주장을 강하게 내세우지 않는 약간은 소심한 사람. 당신을 존중해줄 상대이다.

2. 가위, 바위, 보로 알아보는 상대의 연애성향

가위, 바위, 보를 해서 상대가 먼저 무엇을 내는 가로 연애지향도를, 만약 비길 경우 다시해서 그 다음에 내는 것으로는 지배욕을 알 수 있다.

① 처음으로 한 가위, 바위, 보에서 바위를 냈다면
오직 좋아하는 사람에게만 집착하는 타입.
당신에게 상당히 빠져들 듯.

② 처음으로 한 가위, 바위, 보에서 가위를 냈다면
두 명의 이성 사이에서 갈피를 잡지 못하는 '바람바람' 타입.

③ 처음으로 한 가위, 바위, 보에서 보를 냈다면
어떤 이성이든 가리지 않는다. 당신이 조금 피곤하겠군요.

④ 비겼을 때 다시해서 바위를 냈다면
난 한 번 잡힌 상대는 절대 놓치지 않아! 질투형.

⑤ 비겼을 때 다시해서 가위를 냈다면
상대로 부터 지배받고 싶어 하는 나는야 노예형.

⑥ 비겼을 때 다시해서 보를 냈다면
당신을 지배하고 싶어. 독재자형.

3. 선물로 알아보는 상대의 마음

'나에게 선물을 한다면 어떤 걸 하고 싶어? 라고 물어서 한 가지만 선택하게 한다. 선물의 종류는

① 지갑, ② 구두, ③ 우산,

④ 시계, ⑤ 모자이다.

• 지갑을 선택하는 사람

지갑은 물질적인 면에서 뒷받침이 되는 사람을 의미한다. 당신에게 물질적인 도움을 원하고 있을지도

• 구두를 선택하는 사람

구두는 성적인 것을 의미한다. 당신과의 육체적인 관계 이외에는 별 다른 마음이 없을지도 우산을 선택하는 사람

우산은 정신적으로 기댈 수 있는 사람을 의미한다. 아마도 이런 것이 진정한 사랑이 아닐까?

• 시계를 선택하는 사람

시계는 일로써 맺어지고 싶어 하는 것을 의미한다. 둘이 버는 것이 효율적이라고 생각하는 것 같군요.

• 모자를 선택하는 사람

모자는 함께 이야기하고 싶어 하는 것을 의미한다. 단순한 이야기상대로 밖에 생각하지 않고 있어요.

4. 앉는 위치로 알아보는 우리사이

왠지 요즘 둘 사이가 이전 같지 않다고 느낀다면 카페 같은 곳에 들어가서 상대방이 앉는 자리를 보고 마음을 읽을 수 있다. 당신이 먼저 들어가 자리를 잡고 앉아서 어디에 앉는지를 본다.

① 당신 옆에 앉는다.
혼자만의 불안. 상대방은 당신을 사랑하는군요.

② 당신과 마주보고 앉는다.
오로지 당신만을 생각하고 있어요.

③ 대각선으로 마주보고 앉는다.
예감이 적중. 이별의 조짐이 보입니다.

④ 테이블의 모서리를 끼고 앉는다.
이미 상대의 마음은 당신을 떠났습니다.

5. 그(그녀)는 나를 어떻게 생각할까?

마음에 두고 있는 상대 또는 연인에게 시험해 보자. 나는 그 사람에게 어떤 존재인지 알 수 있다.

① 물, ② 하늘, ③ 태양, ④ 모래, ⑤ 구름이 다섯 가지 단어에서 그(그녀)에 대해 연상되는 것을 물어본다.

① 물-대시하면 잃게 될 사람.
② 하늘-섹스하고 싶은 사람.
③ 태양-동경하고 있는 사람.
④ 모래-자신을 생각해 주는 사람.
⑤ 구름-왠지 모르게 마음에 걸리는 사람.

출저-동화는 아름답지 않다 http://cafe.daum.net/afairy

2. 어장관리

자신이 어장관리를 당한 것을 알았다면?

---

1) 어장관리와 심리학

어장관리란 다양한 종류의 물고기를 수족관이라는 제한된 공간에 넣고 자기소유를 만드는 것을 은유적으로 표현한 것으로, 사귀지도 않으면서 사귀는 것처럼 행동하며 주변의 이성들을 관리하는 태도와 행태를 말한다. 한 결혼정보회사에서 미혼남녀를 대상으로 한 조사에서 미혼남녀가 경험한 어장관리 행동으로 '아무 용건 없이 연락하기', '거리낌 없이 호감표현이나 칭찬하기', '은근슬쩍 스킨십과 터치하기', '다른 사람과 같이 있을 때 상대에게만 특별히 다정하기', '갑작스런 선물공세' 등으로 나타났다. 이 같은 어장관리 형태는 심리학의 관점에서 연극성 성격장애로 설명할 수 있다.

연극성성격 장애를 가진 이들에게 가장 중요한 것은 사랑이고 어디서든 언제나 자신이 제일 주목받아야 한다. 따라서 이들은 상황에 어울리지 않게 유혹적인 게 특징으로 모든 사람을 유혹할 듯 행동하지만 정작 안정적인 관계를 맺지 못한다. 왜냐하면 이들이 자아는 타인에 의해서만 존재를 인식하는 속이 텅 빈 자아로 누군가와 친밀한 관계를 맺는 것은 두려워하기 때문이다. 따라서 이들은 사람들과 친하고 가까워 보이지만 그 관계는 늘 피상적이고 애정에 대한 허기는 멈추지 않는다. 또한 이들은 자신이 제일 주목 받아야만 하기 때문에 동성친구와 관계 맺기가 어렵고, 주변에 많은 이성을 두고 친구도 애인도 아닌 관계를 이어간다. 사랑 받는 것을 누구보다도 갈망하기에 타인을 유혹하고 자신의 곁에 묶어두지만 정작 사랑을 하지는 못한다. 그렇기 때문에 그들의 애정 결핍은 채워지지 못하고 자연스럽게 어장관리로 이어지게 된다. 이처럼 어장관리에 대한 심리는 애정의 결핍에 있다.

연극성 성격장애(histrionic personality disorder)의 특징

- 타인의 애정과 관심을 끌기 위한 지나친 노력과 과도한 감정표현
- 스스로는 감정기복이 심하고 과도한 감정표현에 비해 피상적인 관계
- 원색적인 화려한 외모로 치장해 이성을 유혹하려함
- 이성의 장점에 대해 찬사를 보내는 행동함
- 관계지속 시 지나치게 요구 적이고, 끊임없는 인정을 바람
- 거절에 대한 두려움을 지님
- 자신의 요구가 관철될 수 있도록 타인을 조종함

이러한 특징들을 살펴보면 연극성성격장애는 여성에게만 나타나는 질환으로 생각할 수 있으나 연극성성격장애의 유병률은 남녀거의 비슷하다. 단지 사회문화적 성역할과 관련한 사회적 통념상 남자의 경우 잘 드러나지 않을 뿐이다. 따라서 어장의 주인은 남자 여자 모두 가능하다.

그러나 어장관리의 심각성은 어장관리를 당하는 사람에게 있다. 이들은 사랑하는 사람이나 호감 가는 사람이 조금만 잘해줘도 착각

하여 어찌할 바를 모르는 상태인 일루전증후군(illusion syndrome)으로 발전하여 '저 여자(남자)가 나한테 관심이 있는 것 같은데 한 번 데쉬해 볼까? 아니! 아직 나한테 관심 있다는 확실한 증거도 없잖아? 괜히 먼저 고백했다가 나만 우습게 될지 몰라' 하는 등 마음은 있으나 쉽게 다가갈 수 없는 힘든 상황에 빠지게 되고 이런 상태가 계속되면 머리가 아파올수도 있고 상대방 생각이 나면서 잠을 설치기도 한다. 더 나아가 자기 스스로 비참한 기분을 느끼게 되고, 심하면 우울증이 나타날 수 도 있다.

2) 어장관리 하는 남자

애착이론에 의하면 그들은 '나쁜 놈'이 아니라 '아픈 사람'이다. 이들은 유아기에 양육자와 안정적 애착 관계를 맺지 못한 사람들로 성장기에 예상치 못한 이별을 경험한 후 친밀한 상대가 떠날지도 모른다는 두려움에 대한 무의식으로 상대가 떠날까봐 두려워하며 믿지 못한다. 또한 사랑과 분노에 대한 일관성 없는 부모나 양육자로 인한 어린 시절의 경험은 사랑할 때 느끼는 불안과 질투를 처리하기 어렵기 때문이다. 이처럼 남자들이 어장관리 하는 이유는 '안전함'을 추구하기 위해서이다. 한 명에게만 올인 하다 여자와 관계가 잘 되지 않으면 '상처 받는다'라는 생각 때문에 어장관리를 하는 것이다.

그리고 남자들은 자신들의 어장관리를 남들에게 과시하려고 하는 경향이 있다. 진화론적 심리학은 남자들이 DNA 구조상 본능적으로 자신의 정욕을 과시한다고 주장한다. 따라서 이들의 내면에는 종족번식을 위해 남성다움을 과시하려는 본능적인 욕구가 숨겨져 있다고 볼 수 있다. 결국 그들에게 어장관리는 '사랑하는 것'이 아니라 '종족번식을 위한 안정성'의 추구일 수 있다는 것이다.

3) 어장관리 하는 여자

여자가 어장관리를 하는 이유는 먼저 남자와 마찬가지로 어린 시절 부모의 사랑을 제대로 받지 못한 애착의 문제가 있는 경우 또는 부모의 별거, 이혼 등을 경험한 경우 연인이나 친구 등에게 이별이나 버림을 받을 수 있다는 '불안감'을 갖게 되어 사람을 잘 믿지 못하게 된다. 따라서 한 명에게 집착하기 보다는 언제라도 자기에게 관심과 애정을 보일 수 있는 여러 명의 남자친구를 만들려는 경향이 있다. 두 번째는 '나르시즘 형' 일종의 공주병 성향으로 이들은 사회·경제적 지위와 체면을 중시하는 가정환경에서 성장하여 바람직한 이성에 대한 개념이 분명하게 서 있다고 생각하지만 막상 자신의 일을 처리하고 결정하는데 미숙하기 때문이다. 세 번째로 '우유부단한 성격'으로 인해 일이나 감정을 잘 정리하지 못하기 때문에 자신의 휴대폰에 여러 명의 연락처만 있다면 이성과 연락하고 지내지 않아도 안심하는 경우다.

4) 영리한 물고기

어장관리와 인맥관리를 혼동해서는 안 된다. 어장의 주인은 그녀(그 남자)에게 마음이 없다고 보면 된다. 실컷 상대방을 꼬셔놓고는 '내가 널 언제 좋아한다고 했어. 우린 그냥 친구사이잖아?', '너 혼자 왜이래. 우리는 그저 친한 사이고 좋은 관계라고 생각했을 뿐인데?'라고 말한다. 즉 어장관리 당한 사람만 바보가 된다.

굳이 나에게 감정이 없는 사람의 어장에서 흔히 말하는 aqua man(woman)으로 그(그녀)가 던져주는 의미 없는 먹이만을 기다리는 '성가신 오빠'나 '칭얼대는 그녀'가 된다면 어리석은 일이다.

반면에 어장관리를 당한다고 해서 '상처'받을 필요만은 없다. 상대방이 나에게 호감을 가지고 있고, 나를 판단함에 있어 '신중' 하기 때문으로 생각해 본다면 어장의 주인을 나의 연인으로 만들 수도 있다. 그러기 위해서는 '먹이'와 '미끼'를 잘 구분해야 한다. '먹이'란 상대방의 진짜 관심이고 '미끼'는 가짜 관심이다. 철저한 자기관리와 자존감으로 먹이를 골라 물 수 있는 영리한 물고기는 어장의 주인을 연인으로 만들 수 있다.

브레인 스토밍

주제 1. 어장관리 잘하는 남자와 여자의 특징

어장관리 잘하는 남자

어장관리 잘하는 여자

주제 2. 어장관리는 해야 하는 것인가? 하지 말아야 하는 것인가? 이유는?

깔 깔 깔

연인사이에 대한 유머

첫 째. 남자가 잘생기고 여자가 못생겼을 때..
사람들曰 여자가 재벌일꺼야....
둘 째.남자가 못생기고 여자가 이쁠 때..
사람들曰 남자가 능력이 좋구나...
셋 째. 둘 다 못생겼을 때..

사람들曰 진정한 사랑일세...
넷 째, 둘 다 멋지고 이쁠 때..
사람들 曰- 조만간 헤어지겠구만.... ㅋㅋ

3. 행복한 연애를 위한 매너

대학생으로서 연애를 하면서 지켜야 할 매너들은?

1) 연애에서의 매너

매너란 본래 사회적인 관계 속에서 서로에게 어떻게 대하고 어떻게 행동해야 하는지에 대한 방법으로 사람 간의 상호관계를 긍정적으로 고무시키는 것이다.

연애는 두 사람의 사랑하는 관계에서 발생한다. 그 관계를 위해서 최소한의 예절이나 매너가 연애스킬 중 가장 기본이다. 두 사람이 오래 사귀었고 또 정말 깊은 관계라 하더라도 상대방에 대한 기본 매너를 잃는 순간 연애관계는 오래 갈 수 없다. 연애는 사랑이라는 느낌이어서 감정이 가장 중요한 것 같지만 무엇보다 이성적인 판단과 합리적인 감정처리가 필요한 것이기 때문이다. 특히 요즘처럼 남녀가 쉽게 만나고 헤어지는 시대일수록 행복한 연애를 위한 매너는 더 많은 공부가 필요하다.

처음 보는 사람에게 매너를 지키듯, 연애에도 매너는 필수다. 행복한 연애를 위한 연애의 매너! 연애의 매너란 서로를 이해하는 것 서운해하기전에 그의 입장이 되어보는 것 화내기 전에 그녀의 입장이 되어보는 것이 아닐까?

2) 대화가 필요해(대화법/화해법)

(1) 남녀의 대화 차이

남자는 여자에게 남자로서 해결책과 정보제공을 해줌으로써 믿음직하고 괜찮은 남자로 보여주고 싶고 여자는 사랑하는 남자가 이야기를 들어주며 자신의 상황을 공유해주기를 원한다. 여자는 사랑하는 남자가 생기면 무슨 말이든 할 수 있는 사이가 되길 바라고, 남자는 아무 말 안 해도 되는 사이가 되길 바란다. 남자들은 논쟁과 같은 객관적이고 직설적인 표현에는 강하지만, 삶이나 생활에 관한 소소하고 감성적인 이야기는 어려워하기 때문이다.

이처럼 대화 자체에 의미를 두는 그녀와, 대화를 하면서 결론을 찾아야 하는 그.

이와 같은 남녀 간의 대화 차이를 '다름'으로 인정하고 조금만 주의를 기울인다면 연인 간 사랑을 깊어지게 할 수 있는 대화 방법 어렵지 않다.

그녀와 대화할 때는 해결책을 제시해주는 것도 좋지만 이성적이고 합리적인 조언이 둘 사이의 갈등의 원인이 될 수 있다는 것을 명심하고 그녀의 말에 우선 공감해주는 연습을 해보도록 하자.

그와 대화할 때에는 될 수 있으면 그가 해결 할 수 있는 고민을 상담하는 게 좋다. 그리고 그가 알아서 이해해주기를 바라면서 돌려 말하기보다는 원하는 것을 직접화법으로 이야기해주는 것이 좋다.

〈여자〉

그에게 간단한 고민 상담을 해보자. 그리고 원하는 게 있다면 직접적으로 말하자.

그녀: *요즘 내 노트북이 이상해. 리부팅이 자기 마음대로 되고… 오래 되서 그런가? 바이러스 때문에 그럴까?*

그: 그래? *네 노트북 가져와.*

바이러스 때문에 그런 것 같아 처리했고. 오래되기는 했지만 아직 더 쓸 수 있어. 다음에 또 이러면 하나 사자.

그가 그녀의 고민을 해결하고 그녀의 '고맙다'는 감사가 전해진다면 그는 그 어느 때보다 뿌듯한 남자의 표정을 지으며 그녀의 '흑기사'를 자처하게 된다.

〈남자〉

그녀가 해결책이 없는 사안에 대해 조잘조잘 이야기를 하면 '아, 귀여운 내 연인이 스트레스를 푸는 중이구나하고 이해를 해 주면 된다.

그녀: *오빠 오늘 나 친구랑 싸워서 많이 속상해.*

그: *친구랑 싸워서 마음이 안 좋구나? 네가 착하니까 그런 거야.*

사랑하는 그가 그녀의 상황을 공감 해 준 순간 그녀는 그의 영원한 파랑새가 된다.

정반대의 문화에서 이루어지는 남녀의 대화

남자가 지위관계와 독립을
중요시하는 반면, 여자는
대등관계와 친교를 중요시 한다.
그러므로 남녀의 대화는 서로
상반된 문화적 환경에서 이루어지는
커뮤니케이션이나 마찬가지다.
그런 만큼 서로 충돌할
위험성도 아주 많다.

데보라 테넌의 『남자의 말, 여자의 말』 중에서

(2) 연인과의 대화에서 필요한 것들– 배려 그리고 존중

'대화란 서로 마주하여 이야기를 주고받음'이라는 뜻이다. 따라서 이야기를 하는 사람도, 이야기를 듣는 사람도 서로 배려하는 마음이 필요하다. 설혹 나는 그(그녀)가 하는 이야기 그게 재미없고 별로 관심이 가지 않지만 그(그녀)가 관심 있어 하고 재미있어 하는 것들이라면 끝까지 잘 들어주는 배려가 필요하다. 그리고 대화하는 목소리가 싸움하는 소리처럼 크면 안 되고, 진지하게 서로의 말에 귀를 기울이며 서로 의견을 존중하고 대화하는 것이 좋다.

Tip

★ 관심도 없고 재미도 없어, 진짜 무슨 얘기인지 못 알아들어도 그(그녀)가 좋아하고 관심 있어 하는 거라면 그 주제에 대해 이야기 할 때 들어 주는 척이라도 하라!

★ 그(그녀)가 참을성 있게 끝까지 내 이야기를 들어주면 눈치껏 '아.. 너무 내 얘기만 했나봐? 미안!' 하면서 함께 이야기 할 수 있는 주제로 바꿀 줄 아는 센스도 필수다. 대화는 연설이 아니고 주고받는 것이다.

(3) 현명하게 싸우고 바로 화해하자.

'알콩달콩'에서 '무덤덤'하게 변해가는 연애의 현실. 사랑의 콩깍지가 벗겨지면서 서로 죽고 못 살던 감정들이 차분해지면서 점점 감정적 거리를 두고 이성적으로 상대를 바라볼 수 있게 된다.

처음 연애를 시작할 땐 서로의 눈엔 가정 완벽한 이상형으로 보이던 그(그녀)가 시간이 지날수록 무덤덤해지고 어느 땐 '할 말, 안 할 말, 못 할 말'까지 해가며 싸워 상처를 주고받기라도 하면 다시는 안보고 싶기까지 한다. 하지만 연인끼리의 싸움은 연애의 선택사양이 아닌 필수 옵션이다. 성별, 성격, 살아온 환경, 가치관과 사고방식도 서로 다른 남녀가 만났으니 갈등과 충돌은 당연할 수 밖에.... 따라서 너무 안 싸워도 문제다.

그러므로 연인간의 싸움이 꼭 나쁜 것만은 아니다. 싸움을 통해 서로를 더 이해하게 되기도 하고 어느 땐 포기도 하면서 서로의 다름을 인정하고 적응하고 맞춰가게 된다. 그러므로 싸워야 할 때라면 확실하고 분명하게 싸워두는 게 좋다. 그러나 잊지 않아야 할 것은 어찌하든 싸움 자체는 자신의 부정적인 감정을 상대방에게 표현하는 것이므로 서로 간에 슬기롭게 대처하지 않으면 연인관계를 깨지게 할 수 있는 원인이 될 소지도 다분하다.

머리 터지게 싸웠으면 이제 머리 나쁜 새처럼 화해하자.

싸움을 한 후 둘 사이가 아무 사이도 아니라면 아무렇지도 않을 것을 사랑하는 연인사이기에 오히려 더 상처받고 더 아픈 것이다. 싸움은 그냥 싸움일 뿐! 머리 나쁜 새처럼 잊어버려라. 싸움이 끝나고 두고두고 마음의 상처로 남아 있게 해서는 안 된다. 지금 당신이랑 머리 터지게 싸운 그(그녀)는 당신이 그토록 아껴주고 싶고 무엇이든 다 주고 싶은 사랑하는 사람이다. 싸움 후 서로 연락이 없고 하루 이틀 지나다 보면 걱정과 불안이 엄습해 오고 그와 그녀 중 누가 먼저 잘못을 했든 간에 서로에게 미안함 감정이 들기 마련이다. 사랑하니까!! 그래서 헤어지지 못한다면 '이해', '용서', '받아들임'이라는 방향으로 생각의 전환이 필요하다.

현명하게 싸우고 잘 화해하는 커플일수록 서로에 대한 이해도가 높아 둘 사이의 관계도 더욱 친밀해진다.

인터넷에서 퍼 온 남자/여자의 언어 차이입니다.

		여자들의 언어 (이중언어)	남자들의 언어 (일관된 언어)
1	뭐해	너의 시간을 나에게 투자하길 원함.	정말 뭐하냐고 물어본 것임
2	휴..	내 고민 좀 해결해줘	그냥 한숨 쉰 것임
3	이거 어때? 이쁘지/멋있지?	사줘	정말 멋있어서 물어봄
4	배고파	사줘	밥 먹자
5	사고 싶은데 비싸	사줘	정말 비쌈
6	이거 있으면 좋겠다	사줘	그냥 좋겠다고
7	난 보수적인 것 같아	너한테는 얄 짤 없음ㅋ	정말 보수적인데
8	오빠(너)같은 사람이 왜 애인이 없을까?	병신아	정말 이해안감
9	오빠 그 옷 좋아하나봐	그 옷 좀 입지 마.	그냥 자주 입길래. 그리고 무슨 옷을 입든 신경 안씀
10	나 화 안 났는데?	18ㅅㄲㅇ	정말 화 안 났음
11	나 오늘 속상한 일 있었어~ 어쩌구 저쩌구	내편들어	그냥 그렇다고
12	**에 음식 맛있더라	사줘	나중에 한번 먹으러가자
13	저 여자 (남자) 진짜 이쁘다 (잘 생겼다).	당장 내가 더 이쁘다고 하지 않으면 네 목을 따버리겠다.	고놈 참 잘 생겼네

		여자들의 언어 (이중언어)	남자들의 언어 (일관된 언어)
14	(문자 무시 후) 미안 문자 온지 몰랐어	문자하지마. 18	정말 몰랐음
15	미안! 오늘은 급한 일이 있어서 문자 못할 것 같아	그리고 내일도 모레도 영원히	진짜 바쁜 일 생김
16	아 말 걸지마	풀릴 때 까지 계속 달래주지 않으면 더 화낼 것임.	진짜다 말 걸면 죽는다
17	좋겠네ㅋㅋ or 우와ㅋㅋ	어쩌라고? 허세 좀 부리지마	그냥 너 좋겠다고
18	연락 하지마	화 풀릴 때 까지 단 1초라도 문자가 끊기면 우리 인연도 끊길 줄 알아 뭐해	레알 연락하면 죽여버려~
19	나 밥 먹고 올게	문자 하지마 귀찮아.	배고파
20	머리 좀 새로 할까?	지금 이상태도 예쁘다고 말해	이딴 질문 안함
21	됐어 그만하자	난 길게 말하고 싶지 않으니까 넌 길게 말해 빨리 잘못을 빌어줘	그만해 당장
22	나 이제 출발하려고	화장 다했고 이제 옷 고르려고	아직 씻지도 않았음
23	나 신경 쓰지말 고 재밌게 놀아	나 신경 쓰면서 적당히 놀아라	제발 신경 쓰지 말고 놀아

3) 데이트비용

데이트비용의 더치페이(Dutch Pay)에 대한 나의 생각은?

더치페이(Dutch Pay)는 서로 먹은 값은 각자 지불하는 방식을 말한다. 이는 네덜란드에서 유래한 말로, 더치(Dutch)는 네덜란드 또는 네덜란드 사람을 뜻한다. 좋은 일이 있을 때 밥 뿐 아니라 차 한 잔, 술 한 잔 까지 혼자서 한 턱 쏘는 우리정서와는 달리 둘 이상이 함께 식사, 술, 차 등을 함께 먹은 인원수대로 엔 분의 일(1/n) 해서 각자 자기 몫을 지불하는 방식이다.

(1) 데이트 비용은 더치페이가 대세다.

대부분의 학생들은 대학에 들어와서 처음 연애를 시작하고 제대로 된 데이트를 하게 된다. 대학생 시절의 멋진 경험이 되는 데이트 참 낭만적이지만 문제는 대학생들에게 요즘 같은 시대에 데이트비용 부담이 만만치 않다는 것에 있다.

2016년 3월 알바천국이 20대 대학생 897명의 평균 데이트비용을 주제로 조사한 결과 실제 1회 평균 데이트 비용 통계 결과 남자는 '4만 4500'원, 여자 '3만 4100원'을 쓰는 것으로 나타났다. 적어도 일주일에 두 번 만난다고 가정하면 한 달에 남학생 35만 6천원, 여학생 27만 2800원이다. 아직 학생신분인 대학생에게 이 비용은 적지 않은 액수이다. 그래서 데이트 비용을 감당하지 못하고 헤어지는 사례도 있다고 한다.

사실 예전부터 우리사회에서 요구되는 성(gender)역할로는 데이트할 때 남자에게 비용 부담이 쏠리는 경향이 있었다. 그러나 아직 학생의 신분인 대학생의 용돈은 뻔하다. 그렇다고 남자입장에서 여자에게 대신 돈 내달라고 할 것인가? 아니면 데이트 횟수를 줄일 것인가? 이처럼 부담스럽다고 상대방에게 털어놓기도 힘든 것이 '비용'의 문제다. 왜냐하면 자칫 데이트에 쓰는 돈을 아까워하는 '쪼잔남'으로 비춰질까봐 걱정이 앞서기 때문이다.

그러나 페미니즘의 결과일까? 데이트 비용에서 남자의 성(gender) 역할은 옛 말이 되어가고 있다. 실제로 알바천국의 조사에 따르면 가장 바람직하다고 생각하는 남녀 비용분담률은 데이트 비용 분담률 '5 대 5'가 1위 그다음이 '6 대 4' 순으로 분담하는 것이 바람직하다는 의견이 이어졌다. 결국 데이트도 더치페이가 대세라는 결론이다.

(2) 커플통장

요즘 대학생 연인들은 데이트를 할 때 보통 밥 먹고 영화보고 차 마시고, 때에 따라 가끔씩 공연을 보러가거나 여행을 가는데 이럴 때마다 더치페이를 하자니 남자로서 뭔가 찝찝하고, 괜히 뒤통수가 가렵기도 하고, 또 정 없어 보이고... 그렇다고 계속 혼자 데이트 비용을 쓴다는 것도 부담스럽다. 남자가 데이트비용을 책임지는 시대는 이미 지났다. 데이트 비용도 더치페이가 대세인 상황이다. 이러한 문제의 해결책으로 요즘 인기 있는 방법이 커플통장이다.

커플통장이란 연인이 각각 정해놓은 비율로 '5 대 5' 혹은 '6 대 4'로 하나의 통장에 돈을 입금하고, 데이트 할 때 드는 비용을 그 통장에 연결된 체크카드로 결제하기위한 통장으로 커플통장의 용도는 다양하다. 매달 돈을 넣어 두고 모든 데이트 비용을 통장 잔고로 해결하는 '데이트 통장', 평소엔 사용하지 않고 특별한 날의 데이트를 위해 매달 적은 액수를 저금하는 '기념일 통장', 여행하는데 필요한 모든 경비를 충당하기 위해 둘이 함께 모으는 '커플 여행 통장' 등이 있다.

이처럼 커플통장은 연인이 함께 돈을 모아 지출하는 것이기 때문에 한 사람이 일방적인 비용부담이 아닌 둘이 나누어 부담하는 형식이 되므로 자연스럽게 더치페이를 유도할 수 있어 경제적이고 합리적인 소비를 할 수 있다는 장점이 있다. 또한 커플통장을 관리하면서 서로의 사랑을 더욱더 돈독히 할 수 있다. 그러나 커플통장은 만드는 것보다 그것을 유지하기 위해서는 두 사람의 노력이 더 중요하다. 만약 매달 정해진 금액이 없이 두 사람 중 한 명이 필요할 때마다 자꾸 잔고를 채워 커플통장의 의미가 없어진다거나, 입금하기로 한 약속한 날짜에 입금을 하지 않아 오히려 둘 사이에 다툼이라도 생기게 된다면 만들지 않는 것이 오히려 더 나을 수 있다. 따라서 커플통장을 만들기 전에 신중하게 생각해 보고 결정해야 한다.

브레인 스토밍

주제 1. 연인의 대화가 싸움으로 번지는 경향이 종종 있다.
어느 경우이며, 그 이유는?

주제 2. 커플통장은 필요한가? 필요하지 않은가? 그 이유는?

필요한 이유

필요하지 않은 이유

주제 3. 커플통장을 만드는 연인을 위해 커플통장의 규칙을 세워 주자.

4) 스킨십

대학생 연인간의 스킨십 진도와 범위에 대한 자신의 의견은?

____

____

____

연애란 어린 시절 아동이 부모를 향한 애착이 성인초기에 이르러 이성과의 관계로 옮겨간 것으로 가장 친밀하고 밀착되어 있는 관계이다. 따라서 대학생이 되어 연애를 하는 것, 사랑하는 사람이 생기는 것은 분명 행복한 일이다. 그러나 사랑이라는 마음과 사랑을 하는 것에는 차이가 나기 마련이다. 연애를 시작하면 누구나가 겪는 과정 중 하나인 스킨십이 사랑하기 때문에 이루어진다면 아름다운 연인사이가 되겠지만 스킨십 자체만을 목적으로 한 만남이라면 그 결과는 불행에 질 수 밖에 없다.

(1) 스킨십 꼭 해야 할까?

연인끼리 마음으로만 서로의 관계를 확인할 수 없기 때문에 스킨십은 본격적인 연애를 시작하는 기술이라고 할 수 있다.

누구나 떨리고 용기가 필요한 스킨십! 연인과 손을 잡거나 포옹을 하기도 하고 사랑하는 그 (그녀)와 몸으로 사랑을 표현하는 스킨십은 자연스러운 행동이다. 그러나 심리적으로 여자는 상대와 정신적 교감이 있어야 스킨십이 가능한데 남자들은 그런 과정은 얼마든지 생략이 가능해서 빨리 진도를 나가려고 하는 경우가 많다. 즉, 여자들은 마음을 열어야 몸을 여는데 반해 남자들은 몸부터 열고 보자는 심리가 작용한다는 것이다. 그런데 자신의 생각과 욕심만으로 상대에게 접근하거나, 정색을 하고 거절만 한다면 결국 연인관계는 오래가지 못할 수 도 있다. 따라서 남자와 여자의 생각이 다름을 인정하고 연인과의 스킨십이나 관계는 서로가 사랑이라는 감정과 더 나아가 상대방에 대한 배려하는 마음이 필요하다.

(2) 장소에 따른 스킨십 정도는?

학교나 커피숍 지하철 등 오픈된 장소에서는 어깨동무 정도나 손을 잡고 걷는 정도로 최소한 주변 사람에 대한 예의는 지키면서 하는 스킨십이 바람직하고 연인끼리 둘만의 장소를 선택해서 스킨십 진도를 나가는 것이 좋다. 왜냐하면 오픈 된 장소에서 다정하게 보이는 커플들을 보면 행복해보이고 부럽지만 그 다정함이 정도를 지나친 심한 스킨십은 주변 사람들을 눈살을 찌푸리게 하고 미성년자인 어린 학생들에게는 나쁜 영향을 끼칠 수도 있기 때문이다.

(3) 스킨십 거부 어떻게 해야 할까?

원하지 않는 스킨십 NO! 라고 해야 한다.

스킨십을 자주 하면 연인간의 사랑이 돈독해진다는 건 사실이다. 그러나 상대방이 원하지 않는 터치나 스킨십은 무례를 벗어나 범죄가 될 수도 있다. 그러므로 스킨십을 거부 하고 싶을 때는 애초에 둘만의 공간에서 벗어나고, 상대의 몸을 만지는 행위는 하지 않는 것이 좋다. 그리고 내 생각보다 스킨십 진도가 빠르다고 느꺼진다면 일단 그 자리를 벗어나 밝은 곳으로 나와 화제를 돌려야 한다.

또한 스킨십의 거부에 대한 의사표현을 장난스럽게 말한다거나 일관성 없이 끝말을 흐린다거나 하면 남자들이 착각을 할 수 있게 되므로 원치 않는 스킨십은 분명하게 '싫다'는 표현을 사용해서 확실하게 거절하는 것이 필요하다.

(4) 필라 데이비스의 스킨십 심리학

① 스킨십의 정의

- 사랑하는 사람 간 신체의 상호접촉에 의한 애정의 교류이다.

② 스킨십의 전제 조건

- 아름다운 스킨십은 손끝이 아니라 마음에서부터 시작해야 한다.
- 일방적인 스킨십이 아니라 상대방을 배려하는 마음이 필요하다.
- 스킨십 사랑하는 사람과 오래도록 사랑하기 위해서 하는 것이다.

③ 연인 간 스킨십의 효과.

- 연인 간의 사랑의 친밀도가 높아진다.
- 연인 간 서로의 사랑을 확인시켜 준다.
- 인간의 자연스러운 욕구를 채울 수 있다

브레인 스토밍

주제 1. 대학생 연인들의 스킨십의 진도와 범위는?

① 스킨십 진도

② 스킨십 범위

주제 2. 공공장소에서 할 수 있는 연인간의 스킨십은 어디까지? 그리고 눈살을 찌푸리게 하는 연인간의 스킨십은 어떤 게 있을까?

공공장소에서 부러워 보이는 연인 간의 스킨십은?

공공장소에서 눈살을 찌푸리게 하는 연인 간의 스킨십은?

5) 데이트 폭력(스토커 – 10cm)

데이트 성폭력에 대한 자신의 의견은?

____

____

____

____

(1) 데이트 성폭력

사랑싸움? 데이트 성폭력은 오프라 윈프리 (Oprah Winfrey, MC, 방송인)의 말처럼 '사랑'도 '썸'도 아닌 한사람의 인생을 짓밟을 수도 있는 '큰 범죄'다. 이처럼 데이트 성폭력의 심각성에도 불구하고 아직까지도 우리 사회의 전반적인 성문화에서는 데이트 성폭력이 사랑의 행위 혹은 개인적인 성문제로 인식될 뿐 성폭력으로 받아들여지지 않고 있는 것이 사실이다. 이는 전통적인 성(gender) 역할에 기인한 것으로 남성들은 성적으로 강하고 적극적이어야 하고 성관계에서 성적인 만족감을 얻는 것이 자신의 남성성을 드러내는 것이고 여성들은 수동적이어야 한다는 성역할을 요구하기 때문이다. 또한 남자와 여장의 의사소통의 문제가 원인이 되기도 하는데 예를 들면 여성은 단지 친절하게 행동했을 뿐인데, 남성은 이 친근함을 '성관계를 해도 좋다'는 신호로 해석하기 때문이다.

데이트 성폭력은 아동·청소년기 대학입시로 인한 억제되어 왔던 요구와 폭력성이 대학생이 되어 표출되고 있는 형태로 이는 대학생에 국한된 문제가 아니라 현재 우리사회 전반에 만연해있는

현상이다. 데이트 성폭력은 데이트 과정에서 일어난 신체적·언어적·정신적·경제적 폭력을 포함한다. 데이트 도중에 상대방이 원치 않는 성적 행동을 일방적으로 하거나 억지로 강요를 하는 게 특징이며, 나아가 상대방의 의사를 무시한 채 성폭력을 하는 경우가 많다.

사랑과 신뢰를 바탕으로 하는 연인관계에서 데이트 성폭력은 특히 다른 성폭력에 비해 피해자에게 터 큰 상처가 남기고 두 사람의 인간적인 관계까지 파괴하는 행동이다. 그러나 연인 사이는 사랑이라는 감정으로 인해 피해자, 가해자 모두 성폭력으로 인식하지 못하는 경향도 있고 피해자와 가해자와의 사적인 관계 때문에 법적 처벌에서 어려움이 많다. 특히 데이트를 하는 상호간 동의 없이 강제로 행하는 성폭행인 데이트 강간의 경우 교제하고 있는 상태에서 이루어지므로 가해자의 경우 이를 성폭행으로 인식하지 못하고 도덕적으로만 잘못했다고 치부하는 경향이 있다.

(2) 메저키즘(masochism)과 세디즘(sadism)

데이트 폭력을 합리화하기 위한 심리적 기제로 메저키즘과 세디즘을 들 수 있다. 이 두 가지에서 나타나는 공통점은 자신이 갖고이던 열등감과 무가치함을 어떤 사람에게 강하게 집착함으로써 고립과 불안에서 벗어나려는 욕구이다.

매저키즘(masochism)적 여성은 자신을 무력한 존재로 여기며 무조건 적인 의존을 추구한다. 자신의 주장도 없고, 원하는 일도 하지 못하며 상대의 강한 힘과 요구에 전적으로 의존하는 것이다. 이러한 여성은 언제 어디서든 자신만을 주목하고 사랑해 주기를 바라는 자율적인 구속을 원한다고 생각한다. 그러나 누구를 만났는지, 누구와 이야기했는지 하나하나 보고해야 하거나, 상대의 기분을 거스르지 않기 위해 항상 그의 요구를 무조건 들어주어야 한다면 지극한 사랑 받는 게 아니고 오히려 성적인 폭력를 당하고 있음에도 그것을 사랑이라고 오해한다.

새디즘(sadism)적 남성은 여성을 절대적으로 지배하여 마음대로 할 수 있기를 바라고 자신의 성폭력에 대해 자신처럼 여성을 사랑해 주는 사람은 없기 때문에 성관계를 요구할 권리가 있다고 합리화한다. 그러나 여성을 지배하고자 하는 심리속에는 여성에 대해 의존하는 경향이 강하다. 지배할 수 있는 대상이 있어야 지배욕을 채울 수 있기 때문이다. 이처럼 상대에 대해 성폭력을 휘두르는 남자는 상대를 지배해서 자신의 생각대로 조정하고 싶다는 생각을 한다. 그리고 필요 이상으로 상대방 행동을 감시하고, 자신의 성적 욕구를 채우기 위한 요구를 사랑해서 하는 당연한 걸로 합리화 한다. 따라서 상대가 자기 생각대로 움직이지 않는다고 폭력으로 복종시키는 행동은 사랑이 아니고 새디즘적 지배욕이다.

(3) 데이트 폭력의 종류

너는 '사랑'이라 말하는 것을 나는 '폭력'이라 말한다.

① 정서적 폭력

상대에게 지나친 관심과 집착을 보이며,

㉠ 상대방의 핸드폰, 이메일 개인 블로그나 홈페이지 등을 자주 점검

㉡ 누구와 함께 있는지 항상 확인한다.

㉢ 다른 이성을 만나는지 의심한다.

② 언어적 폭력

㉠ 여성(남성)다움을 강조하는 말이나 행동을 한다.

㉡ 외모에 대한 성(性)적 평가나 모욕을 한다.

㉢ 성적 불쾌감을 느끼도록 하는 표현 또는 음담패설(섹드립)

㉣ 평소에도 잦은 폭언으로 상처를 준다.

③ 성적 폭력

㉠ 상대가 원하지 않는데도 키스·포옹하거나 몸을 만지는 행동을 한다.

㉡ 물리적인 힘에 의해 강제적으로 성관계를 갖는다.

㉢ 싸우고 난 후나 신체적 폭력을 가한 후 키스나 성관계와 같은 신체적 접촉을 통해 무마하려고 한다.

㉣ 신체를 촬영하거나 감금한다.

④ 신체적 폭력

㉠ 발로 문을 차거나 주먹으로 벽을 친 적이 있다.

㉡ 물건을 던지거나 부순다.

㉢ 신체적인 폭력을 가한다.

⑤ 경제적 폭력

㉠ 억지로 데이트비용을 부담하게 하는 경우

㉡ 돈을 빌리고 갚지 않음

(4) 클레어 법

클레어 법이란 2009년 영국에서 클레어 사건을 계기로 2014년 제정된 법으로 자신의 연인에게 폭력전과가 있는지 확인해 볼 수 있는 정보공개청구 제도다. 이법은 폭력전과가 있을 경우 연인에게 폭력성이 그대로 나타나며 재범의 가능성이 높다는 조사결과를 바탕으로 한다.

경찰의 발표에 의하면 2013년 7237건이던 데이트 폭력 신고 건수는 2014년 6675건, 지난해 7692건으로 매년 증가 추세이며, 2016년 2월부터 4월까지 데이트 폭력으로 검거된 인원도 총 2627명이다. 이처럼 우리사회에서 계속 증가하는 데이트폭력 예방을 위해 경찰이 이른바 '한국판 클레어법' 제정을 추진하고 있으나 실효성을 놓고 의견이 엇갈리고 있다.

클레어 사건

2009년 영국 그레이터맨체스터주에 살던 클레어 우드(Clare Wood)라는 여성(36)이 자신의 전 남자친구 조지 애플턴(40)에 의해 살해당하는 사건이 발생했다. 둘은 2007년 4월 인터넷 데이트 사이트에서 만나 페이스북 등을 통해 사귀었다. 클레어는 이 남성이 과거 연인을 칼로 위협해 납치하고 폭행하는 등의 전과가 있음을 전혀 모르고 있었다. 클레어는 이듬해 2월 조지가 역시 인터넷을 통해 만난 4명의 다른 여성과 바람을 피우고 있는 것을 알고 결별했다.

헤어진 직후부터 클레어는 애플턴의 지속적인 폭행, 협박 등을 당했다. 클레어는 살해당하기 직전까지 애플턴이 자신의 집에 불을 지르겠다고 협박하는 등 위협하고 있다거나 자신을 성폭행했다고 경찰에 거듭 신고했다. 그러나 애플턴은 잠시 구금됐을 뿐 다시 풀려났다. 2009년 2월 애플턴은 결국 클레어를 강간하고 목졸라 살해한 뒤 그녀의 시신을 불태워 훼손했다. 애플턴은 이후 6일 간 종적을 찾을 수 없었는데, 그 기간 동안 인터넷에서 상대를 찾는 '페이스북 살인마'로 불리며 여론의 주목을 받았고, 클레어의 집 인근 버려진 술집에서 목을 매 자살한 채 발견됐다.

딸의 사망 이후 클레어의 부친은 "사전에 가해자의 폭력 전과를 알고 있었다면 딸의 죽음을 막을 수 있었을 것"이라며 연인간 폭력 전과를 확인할 수 있도록 입법을 청원하는 서명 운동을 벌였다. 노동당 각료를 지낸 블레이어 헤이즐 등이 이 운동에 동참했고, 그 결과 가정폭력 정보공개 청구제도(domestic violence diclosure scheme), 일명 클레어법이 도입됐다. 클레어법은 2012년부터 1년 2개월간 간　트주, 노팅엄셔주, 그레이터맨체스터주, 윌트셔주 등 4개 지역에서 시범 운영을 거쳐 2014년 3월부터 전국적으로 시행되었다.

Daum 백과사전

브레인 스토밍

주제 1. 데이트 성폭력을 당했을 경우 대처방법은?

주제 2. '한국판 클레어 법'에 제정에 대해 찬성? 반대? 그 이유는

찬성이유

반대이유

대학생의 섹스와 연애에 관한 조언 25가지 – Nina Friend–

신입생이 되면 대학의 '훅업(hook up) 문화' 속에서 이런 세 가지 질문을 던지게 될 것이다.

1. 원–나이트–스탠드를 할 것인가?
2. 결혼할 사람을 찾을 것인가?
3. 아예 키스도 하지 말고 살아야 할 것인가?

'훅업' – 연애하지 않고 섹스만 하는 상대

1. 소중한 사람을 찾기 위해 보내는 시간은 값지다.
   준비되지 않았다면, 혹은 단지 '첫 경험'이 없기 때문이라면 섹스를 너무 서두르지 말아라.
2. 나이트에서 만난 사람은 나이트에서 끝난다.
   그 매력적인 사람이 다른 스테이지라고 안 가겠는가?
3. 룸메이트가 있다면 당신이 원하는 걸 확실하게 말해라.
   가끔 '사적인 시간'을 가질 필요가 있다고 말이다. 그리고 당연히 상대방의 '사적인 시간'도 존중해줄 것.
4. 당신을 섹스라는 쾌락의 세계로 이끌었던 사람과 평생을 함께 보내야 하는건 아니다. 안녕을 고하자.
5. 침대에서 뭘 원하는지 확실히 '말'로 해라. 왜냐하면, 당신의 성적 만족은 중요하다.
6. 데이트는 자기 자신에 대해 그리고 상대방에게 자신이 원하는 것에 대해 배우는 재밌는 체험학습이다.
7. 누군가와 사귀기로 했다면 커플로서 만나는 친구 외에도 자신만의 친구를 따로 둘 것을 명심하자. 연애는 연애 밖에 또 다른 세상이 있을 때 더 풍성해진다.
8. 진도를 좀 천천히 나가도 문제없다.

9. 물론 진도를 좀 "빨리" 나가도 괜찮다.
자신이 뭘 원하는지 어떤 걸 필요로 하는지가 중요하다.
10. 파티장에서 혼자 나간다고 해서 절대 '루저'가 아니다.
가끔은 집에 가서 혼자 침대에 누워 넷플릭스를 보는 게 100배 나을 수도 있다.
11. 불쾌했던 성 접촉(키스를 포함한 추행)이 있었다면 누군가에게 얘기해라.
12. 성폭력은 절대로! 당신의! 책임이 아니다!
13. 대학 시절 동안 진지하게 사귄 경험이 전혀 없어도 '완전' 괜찮다.
14. 진지한 경험이 있는 것도 좋은 일이다. 자신의 삶을 살아라!
15. 'walk of shame'(밤을 새운 흔적이 남은 차림새로 다니는 것)이라는 어구 따위 던져버려라. 누군가와 섹스를 한다는 건 창피한 일이 아니다. 차라리 '자신감 넘치는 활보'(stride of pride)라는 표현을 써라.
16. 비전통적인 형태의 섹스를 하고 싶다면 대학 시절은 안전한 실험을 하기에 최고의 시기다. (다시 강조하자면 열린 자세로 소통 할 것).
17. 자기 몸에 신경을 쓸 것.
의사를 찾아가 피임이나 성병에 대해서 상담하는 걸 두려워하지 말 것. 몸은 자기 것이 아닌가.
18. 섹스는 즐거워야 한다. 누군가와의 섹스가 즐겁지 않다면 그만둬라.
19. 대학에선 모든 사람이 섹스에 관해 얘기하지만 그렇다고 해서 모든 사람이 섹스하는 것은 아니다. 섹스하지 않는다고 해서 이상하게 생각하지 말자.
20. 대학에 들어갈 때까지 동정인 건 완전히 괜찮은 일이다. 졸업할 때 동정인 것도 마찬가지. 결정은 자신의 몫이다. 다른 사람이 말하는 것에 휘둘리지 마라.

21. 항상 피임할 것. 자신이 피임했다는 사실을 기뻐할 순간이 올 것이다.
22. 친구들의 충고는 좋은 것이다.
그러나 피임, 성병 예방, 정신 건강 또는 폭력적인 관계에 대해서는 전문가와 상담하는 게 도움이 될 수 있다. 대학의 전문 상담사와 익숙해져라.
23. 누군가가 당신을 좋아하길 바란다는 이유로 섹스할 필요는 없다. 만약 어떤 사람이 섹스하지 않는다는 이유로 당신을 멀리한다면 그 사람에 대한 호감을 재고해볼 필요가 있다.
24. 명심할 것: 졸업을 하고 나서 당신은 싱글인 사람들을 만날 것이다. 그리고 그 사람들은 멋지다! 물론 대학에서 만날 수도 있지만 별로 다를 건 없다. 너무 신경 쓰지 마라.
25. 대학은 여러 사람을 만나는 시절이다.
그러나 동시에 자기 자신을 찾는 시절이라는 걸 명심해라. 신나게 살아라. 왜냐하면, 대학 시절은 한 번뿐이니까.

Huffington Post Korea 2015년 08월 17일자

4. 건강한 성

대학생으로서 연인끼리의 성관계 어떻게 생각하는가?

① 사랑하니까 그럴 수 있다

② 사랑하지만 대학생 신분이므로 자제해야 한다.

③ 다른 의견이 있다면?

1) 꽃잠과 책임감

결혼정보회사 비에나래와 온리-유가 공동으로 미혼 남녀 536명(남녀 각 268명)을 대상으로 '본인이 때가 됐다고 생각해 교제 중인 이성에게 직·간접적으로 첫 성관계를 제의할 때(경우) 보통 상대의 반응이 어떻습니까(어떨까요)?'라고 설문 조사한 결과 남성은 응답자의 80.9%, 여성은 92.9%가 '기꺼이 수용한다.'(남 34.3%, 여 66.8%)거나 '못 이긴 척 수용한다.'(남 46.6%, 여 26.1%)와 같이 성관계에 순순히 응한다고 답했다. 이에 반해 '완곡하게 거절한다'와 '완강하게 뿌리친다'는 등의 부정적인 대답은 남녀 각 19.1%와 7.1%로 10명 중 2명 혹은 한 명에도 미치지 못했다. 요즘 젊은 세대의 성의식에 대한 가치관을 알 수 있는 조사다.

또한 '20살의 첫 경험, OO 피임약' 이라는 대학생의 성관계를 연상하게 하는 광고까지 공공연하게 볼 수 있게 된 지금 요즘의 대학생들의 성 의식은 부모세대인 기성세대와는 달라도 너무 다르다. 부모세대는 세대는 잤으니까 결혼을 해야 하는 것이었다면 이들은 자보고 결혼하는 세대다. 이렇듯 이미 한국 사회의 성문화는 개방적으로 바뀌어 가는 추세고 사회적 인식 또한 이를 따라가고 있다.

(1) 꽃잠

연인과의 가슴 떨리고 애틋한 사랑을 '첫날밤'이라는 말로 그 감동과 설렘의 전부를 다 표현 해 내지 못한다. '첫날밤'을 우리의 고유한 말로 '꽃잠'이라고 한다. '꽃잠'은 갓 결혼한 신랑 신부가 처음으로 함께 하는 잠자리를 말한다. 지금우리 사회는 세대가 교체되고 그에 따른 문화도 변한다고는 하나 사랑하는 연인끼리 일생에서 가장 아름다우며 영원히 기억될 그 잠자리를 고유한 우리말로 '꽃잠'이라 한다.

(2) 혼전 관계와 혼후 관계, 혼후 순결

요즘 젊은 세대들은 혼전관계가 당연한 생각으로 자리 잡았다지만 어디까지나 그건 개인적인 선택이기도 하다. 이에 반해 혼전순결을 자신의 자존심과 영혼의 문제라고 생각하는 사람도 있기 때문이다. 따라서 어떠한 선택을 했든 자신이 상처받지 않는 선에서 결정해야 할 것 이고 그 결과에 따른 문제는 자신의 책임이라는 것을 명심해야 한다. 따라서 개인이나 연인이 혼전관계를 지지하거나 혼후 관계를 추구한다는 것에 대해 '옳다', '그르다'의 판단은 의미가 없다. 연인들은 자신들만의 연애 방식이 있고, 어떻게 사랑의 나느냐 하는 것은 지극히 개인적인 일이기 때문이다.

이처럼 혼전관계와 혼후 관계 대한 다양한 의견이 분분하다. 하지만 성에 대한 가치관은 성장 환경이나 사회 분위기 등에 따라 어린 시절부터 형성되는 것으로 설득이나 남들의 시선에 의해 쉽게 변화되지 않는다. 혼전관계는 성인인 두 남여가 결정을 하는 것이므로 서로의 성에 대한 가치관을 존중하고 타협하는 것이 중요하다.

사랑하는 연인과 사랑을 나누고 싶어지는 것은 당연하다. 지고지순한 사랑을 위해 결혼 첫날밤을 기다리는 연인들도 있겠지만 사람에 따라 사랑이 달라지는데 그때마다 결혼을 할 수는 없는 일이다. 사랑하는 연인이 이전에 누구를 만났고, 순결하냐 아니냐를 따지는 것보다 훨씬 중요한 건 혼후 순결이다. 왜냐하면 그건 사랑의 차원이 아니고 단지 서로를 먼저 만나지 못했기 때문이다. 사랑 앞에서 가장 중요한 사실은 '태어나 처음'이 아니라 '사랑하는 당신과의 처음'이다.

꽃잠

양 숙

그저 그냥
확끈확끈 콩닥콩닥
어찌할까 어찌하나
달아오르는 얼굴 감추려
후후 날숨 얼굴 식혀보지만
귓 볼 붉어짐 숨길 수 없고
뛰는 가슴 진정시키려
양손 가슴 꾹 눌러보지만
손등까지 덩달아 뛰어 오르네

— 양숙의 시집 《하늘에 썼어요》에 실린 시 〈꽃잠〉에서 —

브레인 스토밍

주제 1. 우리 팀원들의 선택은? 이유? ① 혼전관계 ② 혼후관계

혼전관계

혼후관계

주제 2. 혼후 순결 왜 중요한가?

2) 원 나잇 스탠드(One-night stand)

원 나잇 스탠드 왜 할까?

(1) 원 나잇 스탠드(One－night stand)

원 나잇 스탠드는 서로 모르는 사람이 밤에 만나 앞으로 만날 것도 약속 하지 않고 그냥 성관계를 맺는 것이다. 이처럼 요즘 젊은 세대들에게 성(sex)이라는 주제는 '사랑과 생명'이 아닌 '성욕의 해소와 쾌락' 이란 감각적인 차원에 집중하여 보다 더 자극적이고 즉흥적인 방식으로 다루어지고 있다.

그러나 원 나잇 스탠드라는 말은 19세기 중반 극단이나 공연단이 순회공연을 하는 중에 마을의 인구수가 적을 경우 단 하루만 하는 공연의 의미로 사용되었다고 한다. 그러나 20세기에 들어 원 나잇 스탠드는 '일회성 공연'이 아니라 '일회성 섹스'의 의미로 사용되고 있는데 일반적으로는 나이트나 클럽, 여행지 등에서 즉석만남을 통해 만난 이성과 육체적 관계만 맺고 쿨 하게 뒤돌아보지 않는 것이 보편적이다.

요즘 인터넷 커뮤니티를 돌아다니다 보면 손쉽게 이성을 만나고 잘하면 하룻밤 성관계도 가능한 이른바 '원 나잇 스탠드'를 위해 클럽이나 나이트를 함께 가는 것을 목적으로 한 '조각모임'이 있다는 것을 알 수 있다. '조각모임'이란 클럽이나 나이트와 관련된 모임으로 대여섯 명의 남성이 1인당 20만~30만원 씩 돈을 모아서 클럽이나 나이트에 온 여성들을 유혹하기 위해 룸을 잡는다. 왜냐하면 클럽에 온 여성을 유혹하기위해서는 룸을 이용하는 게 훨씬 유리하지만 룸 비용은 장소에 따라 다르지만 대략 150만원선 이상으로 혼자 감당하기엔 부담스럽기 때문이다. 그래서 남성들은 커뮤니티를 통해 사람을 모으고 시간과 날짜를 정한다.

(2) 원 나잇 스탠드를 하는 이유

원 나잇 스탠드를 원하는 가장 큰 이유는 '부담이 없다'다. 책임과 의무가 동반된 애인과의 성관계는 부담스럽다. 잘해야 되고, 잘해줘야 되고, 임신, 성병 기타 등등 거정거리가 많아진다. 그러나 원 나잇 스탠드는 그날 밤의 사건일 뿐 사건이 정리되고 날이 밝아 헤어지면 그만이다. 임신을 하든, 성병에 걸리든 다시 만날 것도 아닌데 굳이 내가 신경 쓸 필요가 없다. 그저 감각적인 성욕의 해소를 통한 쾌락의 추구만이 목적일 뿐..

이 하룻밤의 일탈로 억눌렸던 욕망의 충족이나 일상의 스트레스를 해소 할 수 있을 것 같지만 대학생을 상대로 한 조사 결과는

'막상 해보니 그렇지가 않다'고 나타났다. 차라리 원 나잇 스탠드보다 정서적 유대와 친밀함이 포함된 연인과의 성관계가 더 만족스럽고 선호한다고 하였다. 그리고 남자가 원 나잇 스탠드를 하는 이유는 '단순히 하룻밤 진하게 즐겨보자'인 경우가 많은 반면 여자는 '외로움' 때문인 경우가 많은 것으로 이를 통해 여자들은 자신들의 여성성을 인정받고 싶어 한다. 그래서 여자들은 원 나잇스탠드을 즐긴 후 연락이 없는 남자로 인해 상처를 받기도 한다.

대학생들에게 필요한 것은 유행처럼 번지는 원 나잇 스탠드, 무분별한 섹스, 쾌락지향주의를 따라가는 것이 아니라 정신과 육체 모두가 함께 하는 건강한 성문화, 성적자기결정권에 대한 진지한 토론과 생각이 필요하다.

(3) 픽업아티스트(pick-up artist)

적극적이고 자유분방한 사고와 성의식을 가진 요즘 젊은이들은 이성과 만나는 방법으로 헌팅(hunting)을 선호한다. 헌팅이란 자신이 원하는 이성을 찾기 위해 직접 거리로 찾아 나서는 것으로 이들은 헌팅을 위한 연애의 기술을 배우기 위하여 픽업 아티스트(pick-up artist)에 대한 관심이 많다. '픽업아티스트(pick-up artist)'란 '헌팅에 능숙한 사람'을 일컫는 신조어다.

사실 헌팅 자체는 나쁜 것은 아니다. 그러나 헌팅이 성관계만을 목적으로 길거리나 클럽 등에서 즉흥적으로 이뤄지는 만남이라는 점에서 여성을 유혹하기 위한 '원 나잇 스탠드' 문화를 부추긴다는 우려가 있어 부정적인 이미지가 강하다.

3) 성매매

우리 사회에 확산된 성 개방 풍토가 젊은 세대에게 성을 가볍게 여겨 성매매에 대해서도 어긋난 가치관을 조장하지는 않을까 하는 우려를 낳고 있다.

우리나라는 성매매를 법으로 금지하고 있다. 그러나 실제로 많은 남자들은 자신의 욕구 해소를 위한 수단으로 생각하여 여자의 몸을 사고파는 행위를 서슴지 않는다. 여기에 많은 수의 사람들은 '성매매 금지법을 사회의 필요악'으로 생각하기도 하는데 그 이유는 '성매매'가 나쁘다는 것은 인정하지만 '성매매가 없어졌기 때문에 성폭력이 늘어난다고 생각하고 있기 때문이다. 여기에 더하여 '성매매는 결코 없어지지 않을 것이다'라는 등의 인식을 가지고 있기 때문이다.

성을 상품화하여 돈으로 성을 사고파는 성매매는 '사는 사람'과 '파는 사람' 두 부류의 사람들만의 문제는 아니다. 황금만능주의와 감각적 쾌락만을 추구하는 젊은 세대들이 늘어 갈수록 우리사회의 병리적인 현상이 깊어진다는데 그 심각성이 있다. 그리고 현재 시행되고 있는 성매매 금지법에 관해서도 건전한 성풍속에 대한 사회적 요구로 당연하다는 의견이 있는 반면 생계형 성매매 여성에 대한 보호와 지원의 문제 등 그 의견이 분분하다. 그렇지만 원 나잇 스탠드. 성매매 등 쾌락을 위한 욕구 해소적 성행위는 이성(異性)으로부터 사랑받고 존중받고 싶어 하는 인간의 본능적 욕구를 충족하지 못하는 채 상대 이성에 대한 불신이 증가하고 개인은 갈수록 외로워질 수밖에 없다.

어찌되었던 현행법은 성매매 알선 등 행위의 처벌에 관한 법률

제 21조 제1항에 의하여 성매매를 하면 성립되며 1년 이하의 징역이나 300만원 이하의 벌금·구류 또는 과료의 처벌을 받게 하고 있다.

4) 바람직한 성 가치관

'바람직한 성 가치관'이란 성을 아름답고 긍정적인 것으로 자연스럽게 받아들이고, 문란하고 무분별한 성에 대한 욕구 보다는 성 윤리 의식을 바탕으로 남녀관계에서 상호이해와 존중하는 태도를 가지고 자신의 행동에 책임감을 느낄 수 있어야 한다. 그리고 무엇보다도 바람직한 성가치관은 무엇보다 아름다운 성을 만드는 기초가 된다.

성(性)은 종족 보존의 수단이나 쾌락의 도구만은 아니다. 성은 다음 세대를 잇기 위한 본능적인 행위이면서 동시에 사랑하는 남녀 간의 친밀한 관계의 표현이다. 따라서 성은 결코 불결한 것도 아니고, 금지되고 죄악으로 치부되어서는 안 된다.

인간은 성적인 존재이며 이성적인 존재이므로, 사회에서 요구하는 바람직한 방향으로 성에 대한 본능적인 욕망을 스스로 조절하면서 남녀 간의 바람직한 관계를 유지해 나가야 할 것이다.

브레인 스토밍

주제 1. 친구들이랑 나이트클럽을 갔다. 적당히 취기가 올라 신나고 즐거운데 괜찮은 이성이 자꾸 데쉬를 하고 있다. 이런 경우 원 나잇 스탠드(One-night stand)할 수도 있다.

찬성? 혹은 반대? 그 이유는?

찬성

____

____

____

____

____

반대

____

____

____

____

____

주제 2. '성매매금지 특별법'에 대한 의견(찬성, 반대)

찬성

반대

5) 피임법

성관계시 피임은 왜 필요할까?

피임이란 원하지 않는 임신으로부터 여성을 보호하는 다양한 방법들을 일컫는 말이다. 여성들이 원치 않는 임신으로 인해 많은 경우 인공유산(낙태)시술을 선택하게 되고 이로 여성은 신체적·정신적 고통을 겪게 된다. 따라서 연인과의 성관계시 안전한 피임을 위해 이에 대한 정확한 지식과 실천의 중요하다. 피임의 실천을 위해서는 정확한 피임 상식을 아는 것이 먼저다. 피임 실패율이 높은 피임법으로 배란일 계산법, 체외 사정 등이 있는데 이 피임 방법만으로 '피임을 잘하고 있다'고 생각하는 너무 위험하다. 또한 응급피임약을 확실한 피임법의 종류로 인식하고 사용하는 것 역시 몹시 위험하다. 그리고 피임은 흔히 여성들이 먼저 조심해야 하는 것, 여성들이 미리 알아서 챙겨야 하는 것 이라고 생각하기 쉬운데 피임은 여성뿐 아니라 남성들 역시 신중하게 생각하고 실천해야 하는 일이다. 특히 건강한 20대 초반의 여성의 경우 가장 임신이 잘 되는 때이므로 성관계 시 서로 상의 하에 적극적인 피임법이 반드

시 필요하다. 안전한 피임의 준비 없이 이루어지는 성행위는 생명에 대한 무책임한 행동일 뿐 아니라 아름다운 20대를 망가트릴 수 있는 행동이다.

'더블더치(Double Dutch) 피임법'은 안전하고 확실한 피임을 하기 위해 남녀 모두 피임을 실천하는 방법이다. 더블더치 피임법은 남성은 콘돔을 사용하고 여성은 피임약을 먹어 남녀가 각자 피임에 대한 책임을 지는 피임법으로 원치 않는 임신을 피하기 위해서는 어느 한쪽의 일방적인 준비가 아닌 남녀 모두가 피임방법에 대해 숙지하고 준비해야 한다는 것이다.

(1) 자연 피임법

여성의 배란일을 예측하여 배란 전 5일, 배란 후 3일간은 성관계를 피하는 방법이다. 그러나 생리주기가 불규칙한 경우배란일을 예측할 수 없다. 따라서 임신을 원치 않는다면 항상 피임을 하는 것이 좋다.

배란일 계산법

배란일 : 다음 달 생리예정일-14

가임기 : -2 배란일 +5

(2) 질외사정, 체외사정 방법

약이나 피임도구가 필요 없는 피임법으로 질외사정, 체외사정 방법을 이용한다. 성관계시 남성의 몸에서 쿠퍼액이 분비되는데 이는 약산성인 여성의 질에서 정자가 많이 살아남을 수 있도록 중화하는 역할과 성관계시 윤활제 역할을 하게 된다. 그러나 이 쿠퍼액 내에는 소량이지만 정자가 포함되어 있으므로 질외사정을 해도 임신으로 이어질 확률이 존재한다. 물론 여성의 가임기에 쿠퍼액으로 인한 임신가능성은 0.1~1% 정도로 매우 낮은 수치이긴 하지만 질외사정 시 쿠퍼액외에도 실수로 인한 소량의 사정을 하게 되는 경우가 생길 수 있어 질외사정의 피임실패율은 약 23~26% 정도가 된다.

(3) 경구용 피임약

아기를 원하는 경우 약을 끊으면 언제든지 임신이 가능하다는 점 때문에 안전하고 또한 피임 효과가 높아 많이 사용되는 방법이다. 그리고 알약 형태로 복용하는 경구용 피임약은 여성의 생리주기를 규칙적으로 고정시킬 수 있으며 생리통의 감소, 난소종의 발생 감소, 자궁내막암 발생 감소 등의 효과가 있다고 알려져 있다. 그러나 경구용 피임약의 부작용으로 두통, 오심, 체중증가, 불규칙한 출혈이 있을 수 있다.

(4) 콘돔

가장 흔한 피임법인 콘돔은 성병 예방에 뛰어나지만 잘못 사용하는 경우가 많아 피임 실패율이 15%에 이른다.

(5) '더블 더치(Double Dutch)' 피임법

더블 더치는 남성은 콘돔을 사용하고 여성은 피임약을 먹어 남녀가 각자 피임에 대한 책임을 지는 피임법으로 원치 않는 임신을 피하기 위해서는 어느 한쪽의 일방적인 준비가 아닌, 남녀 모두가 피임방법에 대해 숙지하고 준비하는 방법이다.

6) 성병

2015년 질병관리본부의 발표에 의하면 연령과 성별 구분 없이 성병감염자수가 전년 대비 4.5%이상의 증가를 보이고 있다고 한다. 이것은 우리사회의 개방된 성문화 확산으로 인한 무분별한 성생활이 그 원인이 되고 있다. 성병은 전체 성인의 50% 이상이 '감염 경험이 있다'라고 답할 정도로 흔한 질병이다. 그리고 흔히 성병은 성 접촉으로만 발병한다고 생각하지만, 대중목욕탕에서 공용으로 사용하는 수건을 통해 감염되기도 하며 출산, 수혈 시 감염되기도 한다.

여성에게 발병되기 쉬운 주요 성병은 인유두종바이러스, 헤르페스, 트리코모나스, 임질, 사면발니, 클라미디아 등이 있다. 여성 성병은 일반적으로 별다른 증상 없이 잠복기에 접어드는 경우가 많으므로 만약 분비물이 부쩍 늘었다거나 성기와 항문의 가려움증 혹은 통증이 느껴진다면 즉시 전문의 검진을 받아야 한다. 방치할 경우 골반염, 유산, 불임과 같은 합병증으로 커질 수 있기 때문이다.

남성의 경우 일반적인 성병의 증상으로는 요도 분비물, 소변 시의 통증, 성기궤양, 서혜부 및 회음부 불편감, 음낭부종, 하복부 통증 등이 있다. 성병은 남성 불임의 원인이 될 뿐만 아니라 여성 불임의 원인이 될 수도 있고, 또한 일부의 성병 균은 태아의 선천성 기형이나 발육에도 직접적인 영향을 주어 사산과 유산의 가능성도 불러일으킨다. 따라서 성병의 증상이 나타나거나 성병을 가지고 있을 가능성이 있는 사람과 성관계가 있었다면 전문의의 검사와 치료가 필요하다.

<성병 예방법>

- 성 관계 시 콘돔을 사용하고, 청결제를 사용하면 예방효과를 높일 수 있다.
- 성 파트너를 한명만 두는 것이 좋으며, 이상 증상이 있는 경우에는 꼭 검사를 받아야 한다.
- 여성의 경우 자궁경부암 예방접종을 한다.
- 성관계를 갖기 전에 자신과 파트너의 몸을 유심히 관찰하는 습관을 가진다. 나쁜 냄새나 전에 없던 분비물, 붉은 반점 등이 있으면 건드리지 말고 성관계를 갖지 않는다.
- 정기적인 검진을 통한 예방 및 조기치료가 필요

브레인 스토밍

주제 1. 원하지 않는 임신으로 인한 인공유산(낙태)시술에 대한 대학생의 견해는?

주제 2. '더블리치 피임법'이 필요한 이유.

베이비박스(Baby Box)

베이비 박스는 아이를 키울 수 없게 된 부모가 아기를 두고 갈 수 있도록 만들어진 상자를 뜻한다. 자칫하면 거리에 버려질 영유아들의 생명을 구하기 위해 만들어졌다.

한국 최초의 베이비 박스는 2009년 서울 주사랑 공동체 교회에서 만들어졌다. 당시 교회 앞에 버려진 신생아가 저체온 증으로 사망할 뻔 한 사건이 있었고, 이후 해당 교회의 이종락 목사가 베이비 박스를 설치하고 유기되는 아이들을 받기 시작했다. 베이비 박스는 바깥과 연결되어 있으며 아이를 눕히면 교회 안에 벨이 울려 아이가 들어온 것을 알 수 있다.

베이비박스를 둘러싼 논란도 치열하다. 찬성론자들은 신생아의 생명권 보장 차원에서 꼭 필요하다는 입장을 보이고 있다. 이들은 베이비 박스가 화장실·쓰레기통·지하철 사물함 등에 함부로 버려져 결국 저체온 증 등으로 사망하는 유기 아동들을 각종 위험에서 보호할 수 있는 유일한 장치라며, 전국적으로 확대 설치해야 한다는 입장이다. 하지만 반론도 만만치 않다. 반대론자들은 베이비 박스가 오히려 아동 유기를 조장한다고 말한다.

출저 : Daum 백과사전

세상에서 가장 슬픈 요람 '베이비 박스'

한밤중이었다. 새벽 3시 반. 전화가 울렸다. 흐느끼는 듯한 목소리로 "죄송하고 미안합니다. 대문에…." 한숨 소리를 마지막으로 전화는 끊겼다. 아주 어린 소녀의 가냘픈 목소리였다. 순간 뛰어나갔다. 어두운 골목엔 찬바람만 불었다. 교회 대문 앞에는 종이박스가 놓여 있었다. 생선 비린내가 짙게 풍기는 낡은 종이박스를 조심스럽게 풀어헤쳤다. 갓난아기였다. 탯줄도 그대로 있었다. 울지도 않았다. 얼굴에 손을 대보니, 차가웠다. 주변엔 비린내를 맡고 온 덩치 큰 길고양이들이 서성이고 있었다. 태어나자마자 버려진 아기를 가슴에 품으며 서울 난곡동의 주사랑공동체교회 이종락(62) 목사는 결심했다. 버려지는 아이들을 위한 시설을 만들겠다고. 9년 전이었다.

이 목사는 그날로 철공소 친구에게 부탁해 갓난아기를 담을 수 있는 상자를 만들었다. 교회 입구의 벽을 뚫어 상자를 설치했다. 바닥에는 차지 않게 열선을 깔고 부드러운 담요로 덮었다. 환기 시설도 만들고, 문을 열면 자동으로 벨이 울리게 했다. '베이비 박스'라고 이름을 붙였다. 간절히 기도했다. "하나님, 이 땅에 버려져 상자에 담기는 아이가 없도록 해주소서. 이 상자가 아니면 죽을 수밖에 없는 아이에게만 주님이 문을 열어주소서."

The Huffington Post Korea 2016년 05월 04일자 작성자 이길우 기자

저자 프로필

백현옥　송원대학교 상담심리학과 학과장
박혜경　송원대학교 상담심리학과 교수

이성교제 워크북: 사랑시 고백구 행복동

초판인쇄　2017년 2월 15일
초판발행　2017년 2월 28일

공저자　백현옥·박혜경
펴낸이　안상준
기획/마케팅　이영조
표지디자인　김연서
제　작　우인도·박선진

펴낸곳　㈜피와이메이트
서울특별시 마포구 월드컵북로 400, 5층 2호(상암동 문화콘텐츠센터)
등록 2014. 2. 12. 제2015-000165호
전　화　02)733-6771
f a x　02)736-4818
e-mail　pys@pybook.co.kr
homepage　www.pybook.co.kr
ISBN　979-11-87010-69-2 93180

정 가　12,000원

박영스토리는 박영사와 함께 하는 브랜드입니다.